Dr. David Kundtz

A essencial arte de parar

Um método revolucionário e simples para a paz e o encontro consigo mesmo

3ª Ediçã

Papai,
Feliz Ani...
Te amo!
Mariangela
27/11/07

SEXTANTE

tradução
Paulo Sérgio Moraes Rego Reis

preparo de originais
Regina da Veiga Pereira
Valéria Inez Prest

revisão
Luis Américo Costa
Sérgio Bellinello Soares

projeto gráfico e diagramação
Valéria Teixeira

capa
Miriam Lerner

fotolitos
RR Donnelley

impressão e acabamento
Bartira Gráfica e Editora S/A.

CIP-BRASIL. CATALOGAÇÃO-NA-FONTE
SINDICATO NACIONAL DOS EDITORES DE LIVROS, RJ

K98e Kundtz, David J., 1937-
A essencial arte de parar / David Kundtz ; prefácio de Richard Carlson; tradução de Paulo Sérgio Moraes Rego Reis. – Rio de Janeiro: Sextante, 2005.

Tradução de: Stopping
ISBN 85-7542-185-9

1. Quietude. I. Título.

05-2166. CDD 158
CDU 159.95

GMT Editores Ltda.
Rua Voluntários da Pátria, 45 – Gr. 1.404 – Botafogo
22270-000 – Rio de Janeiro – RJ
Tel.: (21) 2286-9944 – Fax: (21) 2286-9244
E-mail: atendimento@esextante.com.br
www.sextante.com.br

Sumário

PREFÁCIO

Parar, segundo a definição do Dr. Kundtz – não fazer nada, a fim de acordar e recordar quem você é –, faz parte da minha vida há muito tempo.

A nossa dívida com David Kundtz é ele ter formulado uma realidade simples porém profunda e nos oferecido um instrumento elegante e poderoso para encontrarmos a serenidade e a placidez que tão facilmente escapam ao lidarmos com as nossas vidas excessivamente atarefadas.

Parar é um feliz casamento entre os tesouros de muitas das tradições místicas e contemplativas do mundo e a percepção e a consciência da psicologia contemporânea. Acho que é exatamente disso que o mundo precisa.

Por fim, ao nos dar uma perspectiva, ao nos encorajar a priorizar as coisas importantes e ao nos manter vigilantes e conscientes, *A essencial arte de parar* é a maneira ideal de nos fazer lembrar de algo fundamental a respeito da grande maioria das coisas que nos aborrecem e perturbam: é tudo tempestade em copo d'água.

Richard Carlson, Ph.D.

I

Parando à velocidade da luz

"É demais, são muitas coisas", disse Mary Helen. "Eu simplesmente não consigo lidar com tudo isso!", aí ela começou a chorar. Mary Helen, uma mulher de 38 anos, inteligente e bem-sucedida, com uma carreira promissora e uma família amorosa, estava quase roendo a corda.

Qualquer observador que estivesse no meu consultório naquele dia teria visto claramente que a minha cliente tinha problemas: ansiosa, estressada, desatenta, irritada, com extrema dificuldade para dormir, sufocada pela vida e frustrada pela sua incapacidade de administrá-la. Mary Helen estava aborrecida com a sua própria incompetência e sabia que o problema tinha a ver com a primeira coisa que ela dissera: *demais*. Simplesmente a vida se tornara *demais*.

Será que você às vezes se sente como Mary Helen, sufocado ou emocionalmente atordoado pelo ritmo do seu dia-a-dia e pela quantidade de coisas na sua vida? Sente-se incapaz de fazer tudo o que precisa fazer e ainda ter tempo para si mesmo? Já percebeu que há muito tempo você não usufrui um lazer verdadeiro, satisfatório e regular? Se a sua resposta é afirmativa, você encontrou o livro certo.

Você quer dar mais atenção aos aspectos espirituais da vida – aos seus significados e valores fundamentais –, mas vem se frustrando ao tentar transformar esse desejo numa prática real? Ou você anda decepcionado porque as meditações e os métodos a que recorreu para reduzir o ritmo eram tão complicados e demorados que acabaram não funcionando? Se for esse o caso, pode ter certeza de que as sugestões contidas neste livro o ajudarão muito.

Neste mundo acelerado, cheio de e-mails e respostas instantâneas, muitos de nós andamos possuídos pelo mesmo sentimento de sobrecarga que Mary Helen expressava. Todos nós estamos sentindo que as escolhas, exigências e complexidades aumentam a cada ano. Precisamos ser mais, fazer mais, ir a mais lugares, querer e realizar mais coisas. Mas o dia continua tendo 24 horas; e o ano, os mesmos 12 meses. A quantidade de atividades cresce constantemente, porém tanto o tempo no qual ela deve se encaixar quanto a energia humana com a qual ela deve ser enfrentada permanecem os mesmos, na melhor das hipóteses.

Por que não percebemos a chegada do *demais?* A resposta é tão simples quanto clara: o *demais* se disfarça para nos fazer pensar que ele é outra coisa. Como dá a impressão de ser apenas o velho problema de sempre e como no passado conseguimos lidar com ele usando as estratégias de que dispúnhamos, deixamos de reconhecer a sua seriedade e força. Mas não é possível levar a vida moderna com os métodos que aprendemos quando éramos crianças ou jovens.

Sabe por quê? Porque, quando o *demais* aumenta, ele passa a ser uma coisa completamente diferente. Por exemplo: se você tem um monte de pedras que vai aumentando, chega um momento em que ele deixa de ser um monte de pedras e se transforma numa montanha. Quando isso acontece, exatamente? É difícil determinar o ponto exato da transição. O mesmo ocorre com o problema do *demais:* ele se tornou o que é no decorrer de um longo período. O que costumava ser um monte de pedras virou a Montanha do Demais.

É fundamental reconhecermos que essa montanha é uma realidade nova porque é isso que torna necessária a adoção de estratégias diferentes para escalá-la. Os instrumentos para escalar um monte de pedras são muito diferentes daqueles que usamos para subir uma montanha. Um resistente par de sapatos pode bastar para um monte de pedras, mas o pico majestoso de uma montanha requer grampos, sistemas de amarração e treinamento com técnicas específicas.

Está na hora de aprendermos uma nova maneira de enfrentar a Montanha do Demais e de trocar os velhos métodos de abordagem por outros mais novos.

Por que não adianta comprimir e cortar

No passado usávamos dois meios para lidar com o desafio do *demais:* ou comprimíamos as coisas ou as cortávamos. Eram reações naturais, normais e eficazes quando a vida adquiria determinado ritmo.

Comprimir é tentar encaixar cada vez mais coisas nos mesmos limites de tempo e espaço, usando os mesmos limites de energia e capacidade de resistência. Enquanto o monte de pedras não se transformava na Montanha do Demais, a compressão funcionava muito bem, e nós nos tornávamos mais eficientes e mais produtivos. Agora o que acontece é que ficamos sobrecarregados, praticamente soterrados, frustrados e com a sensação de não termos espaço para nós mesmos.

Imagine que está arrumando a sua maleta e tem muitas coisas para guardar. Você a comprime, comprime, chega até a se sentar em cima dela para fechá-la à força, mas há um momento em que basta colocar mais um par de meias para a maleta não fechar. E mesmo que consiga apertar até fechá-la, você se arrisca a arrebentar as costuras ou a vê-la estourar no meio da viagem. Pense em si mesmo como se fosse a maleta: as suas costuras estão cedendo e o seu conteúdo emocional está estourando e se espalhando pelo meio do seu dia. A compressão não funciona mais porque há muitas coisas para encaixar dentro de você.

Cortar é excluir coisas da vida para abrir espaço para novas exigências. Nós nos tornamos peritos em eleger prioridades: abandonamos velhos amigos para podermos levar os nossos filhos ao futebol, eliminamos o almoço para trabalharmos um pouco mais, reduzimos os dias de folga para terminarmos um relatório e cortamos uma hora de sono para termos tempo para a ginástica. Mas isso dá certo até certo ponto. Chega uma hora em que não há mais nada para suprimir e ainda há muito a fazer. A nossa saúde – mental e física – sofre. Como você provavelmente sabe, constatamos que cortar não funciona mais.

A Montanha do Demais é nova e, portanto, exige que abandonemos os antigos métodos e adotemos técnicas diferentes. E há uma coisa nova que você pode aprender a fazer. Dar uma parada. Parar.

Não fazer nada

Eu fui um padre católico bem-sucedido e feliz durante 15 anos, mas de repente entrei em crise. Nada mais dava certo. O entusiasmo pela minha vocação me abandonara. Pela primeira vez na vida eu me sentia solitário. Evitava responsabilidades, negava o que estava acontecendo e tomava decisões erradas.

Finalmente, não sabendo como agir, não fiz mais nada. Fugi durante um mês para uma cabana pequena, isolada, pendurada no alto de uma colina com vista para o oceano Pacífico na costa norte da Califórnia, para pensar sobre aquilo. Tudo o que eu fiz foi parar. Assim descobri o meu caminho de novo.

Parar é ficar sem fazer nada o máximo possível, por um período definido (de um segundo a um mês), com o propósito de se tornar mais desperto e saber quem você é.

Essa é a prática simples em que se baseia este livro, uma técnica nova para substituir a compressão e o corte e para ajudá-lo a enfrentar a Montanha do Demais. Mas você não deve confundir ficar sem fazer nada com uma falta total de atividade. Não fazer nada é de fato realizar algo muito importante: é permitir que a vida aconteça – a sua vida.

O principal objetivo de parar é fazer com que, quando avançarmos, sigamos na direção que queremos e que, em vez de estarmos apenas sendo empurrados pelo ritmo das nossas vidas, estejamos escolhendo, a cada momento, o que é melhor para nós. A principal razão que deve nos levar a parar é querer prosseguir. Ir em frente é aquilo em que nós, do mundo ocidental industrializado, somos especialistas: tocar os negócios, fazer com que as coisas aconteçam, ter alto desempenho e assumir papéis de liderança e poder. Por isso, à primeira vista, pode parecer que se choca com os nossos valores fundamentais. Mas parar, além de não se opor a esses valores, os preserva e cultiva. Sem pararmos para recordar quem nós somos, é muito problemático seguir em frente. Parar nos dá tempo para ser, e não apenas para fazer.

Esse tipo de calma e tomada de consciência beneficia qualquer pessoa, porém visa especificamente atender as necessidades de quem precisa viver em uma velocidade cada vez maior por estar assoberbado por um número avassalador de exigências. Parar não é desacelerar. Há muitos livros sobre como desacelerar o ritmo frenético da vida. Este não é um deles. Desacelerar não funciona, porque tudo à nossa volta anda muito depressa. Pisamos fundo, mesmo quando não queremos.

Em *Timeshifting*, o Dr. Stephan Rechtschaffen escreve sobre o *engate*, que ele conceitua como um "processo inconsciente que governa a forma como ritmos diversos entram em sincronia uns com os outros". Por exemplo, se você colocar dois relógios de pêndulo fora de sincronia lado a lado, em pouco tempo eles entrarão em sincronia perfeita. "O mesmo princípio funciona" – diz Rechtschaffen – "com as partículas atômicas, com as marés e com os seres humanos." Com os seres humanos? Essa é uma idéia notável. Nós absorvemos os ritmos uns dos outros e os ritmos acumulados do mundo à nossa volta. Se esses ritmos forem na sua maioria rápidos, os nossos automaticamente também serão. Isso é o *engate*.

Estamos todos a bordo de um trem que corre velozmente, e o processo de *engate* não está sob nosso controle consciente. É por isso que tentar desacelerar não nos faz diminuir o ritmo. Não é porque tenhamos pouca força de vontade ou sejamos covardes, mas porque estamos há muito tempo num trem rápido em que somos os passageiros, e não os maquinistas. Não podemos nos aproximar do maquinista, pois ele está protegido por guardas leais. Ou talvez porque na verdade não haja maquinista nenhum: o trem é guiado por um computador.

Felizmente há algo que pode ser feito. Parar nos permite saltar do trem, isto é, nos separa dos ritmos frenéticos dos que nos cercam e nos conduz a cadências que nós mesmos escolhemos. É importante observar que temos até a opção de ficar algum tempo no trem rápido. Parar é capaz de nos levar suavemente à oficina de reparos para nos recuperarmos, acalmarmos e termos a certeza de que, quando partirmos novamente, estaremos indo na direção certa e intimamente ligados ao maquinista quanto à decisão do rumo a tomar. E isso nos dá a oportunidade de obter tanto uma resposta quanto uma solução.

Parar é algo paradoxal, pois, à primeira vista, não fazer nada talvez pareça uma perda de tempo. Mas a forma de parar de que trata este livro não é uma perda de tempo, e sim um dos períodos mais significativos da sua vida, mesmo que você pare só por um minuto.

A parada que estou sugerindo é feita enquanto nos movemos à velocidade da luz. Parar à velocidade da luz leva em conta que o processo de parar ocorre no contexto de um mundo muito rápido que não espera por ninguém. Considera também algo que muitas pessoas que ensinam espiritualidade se negam a aceitar: mover-se depressa não é necessariamente ruim. Muitas das tecnologias que estimulam a velocidade são essencialmente boas.

Parar dez vezes num dia frenético e emocionalmente carregado não dá a sensação de movimentos bruscos, e sim de um fluxo suave movendo-se de maneira equilibrada. O resultado é que, em vez de chegarmos ao fim do dia depauperados, exaustos e deprimidos, chegamos em forma. E, se tivermos o repouso apropriado, estaremos prontos para continuar com entusiasmo.

O que acontecia antigamente é que as pessoas não precisavam parar, porque o ritmo natural da vida gerava tempo suficiente para que elas se equilibrassem entre o trabalho ativo e o trabalho calmo. Havia fases de muita atividade e épocas mais tranqüilas, e elas se compensavam entre si. A vida era assim.

Eu me lembro de que quando era menino, no fim da década de 1940, adorava ir de carro com o meu avô até à sua criação de porcos na zona rural do norte de Ohio. Ele era um homem sério, mas muito bom e afetuoso comigo, e passava horas examinando os animais e conversando com o encarregado. E o que eu fazia era realmente mágico. Perambulava pela fazenda e explorava tudo: o celeiro, a maquinaria velha e enferrujada, os porcos e os campos. Não estava fazendo nada, a não ser bisbilhotar, vagabundear, ficar de bobeira e me divertir.

Enquanto eu estava na fazenda, ia recebendo informações muito importantes não apenas sobre o meu mundo físico – a terra, os porcos e os tratores – como também sobre quem eu era: "Estou com o meu avô hoje. Ele é o pai da minha mãe, é irlandês, fala com sotaque, gosta de cavalos e de porcos. Acho que ele gosta de sair comigo." Talvez não fosse com essas palavras, mas você pode ter certeza de que eu estava aprendendo essas coisas e muitas outras.

Situações de parada como essa nos proporcionam recordação, percepção e contemplação. São estimulantes porque desaceleram a vida para que não percamos os momentos essenciais. Embora o dia-a-dia não nos ofereça essas pausas de modo natural, podemos criá-las intencionalmente. Temos como inserir alguns espaços aparentemente vazios – aqueles que nos ajudam a aprender coisas importantes – entre os acontecimentos cotidianos. A finalidade de parar é criar esses espaços.

Os momentos que nos chegam naturalmente talvez não sejam tão tranqüilos quanto eram antigamente nem conduzam à contemplação, porém isso não importa. Se estivermos parados o suficiente para notá-los, poderemos transformar muitas situações aparentemente desinteressantes em oportunidades estimulantes.

Parando antes de tudo

Parar é uma arte delicada e essencial para tomarmos decisões e fazermos as escolhas certas. Podem ser grandes decisões, transformadoras da vida, como uma mudança de carreira, o início e o fim de um casamento ou a transferência para outra cidade. Podem ser pequenas decisões, como as do dia-a-dia: o que vou fazer para o jantar? Quem é que contrato para fazer este trabalho? Conto a ela agora ou espero até mais tarde? Seja qual for o caso, parar deve preceder tudo o que fazemos e ter prioridade.

Para a maioria de nós, isso não é tão simples assim. É uma mudança de comportamento que afetará todos os aspectos das nossas vidas. Mas os resultados são tão positivos que você não só conquistará muito mais paz como vai passar a compreender melhor a sua vida e até redescobri-la. Existe alguma coisa mais importante? E poderia haver algo pior do que chegar ao fim da vida ou mesmo ao fim de um dia sem ter percebido o principal?

Nas minhas duas áreas de trabalho – o sacerdócio e o aconselhamento – tive muitas oportunidades de acompanhar pessoas que estavam morrendo. Nesses momentos, as palavras mais tristes que ouvi freqüentemente foram: "Se pelo menos eu soubesse!" ou "Se pelo menos alguém me tivesse dito!". O que significa que elas teriam vivido de maneira muito diferente e de acordo com a verdade que só perceberam no momento da morte. E então elas compreendem que é muito tarde, e essa percepção causa uma tristeza profunda. Isso me fazia perguntar: será que elas realmente teriam mudado se soubessem antes o que sabem agora?

Essa questão nos leva a outro ponto que geralmente escapa à nossa atenção: o ritmo mais lento estimula a recordação, enquanto a velocidade favorece o esquecimento. O romancista Milan Kundera defende essa opinião em *A lentidão:* "Há um elo secreto entre a lentidão e a memória, entre a velocidade e o esquecimento. Pense nesta situação extremamente comum: um homem vem descendo a rua. Em certo momento, ele tenta se recordar de algo, mas a lembrança lhe escapa. Automaticamente, ele anda mais devagar. Por outro lado, uma pessoa que quer esquecer um incidente desagradável pelo qual acabou de passar começa inconscientemente a apressar o seu passo, como se estivesse tentando se distanciar do que aconteceu."

Essas situações não lhe parecem familiares? Pense nos momentos em que você está tentando se lembrar de alguma coisa: em geral fica muito quieto, olhando para o espaço. E quando você quer esquecer uma coisa que incomoda? Corre, se movimenta, se agita! Quanto mais rápido andamos, mais esquecemos. E o que ocorre freqüentemente é que esquecemos que esquecemos. Que situação! No entanto, quando paramos, nós nos lembramos de novo e então nos encontramos.

A CONTEMPLAÇÃO CONTEMPORÂNEA

Parar não é meditar tal como se entende a meditação. É uma prática destinada às pessoas que não têm tempo de parar e sentir o perfume das rosas nem tempo e disposição para meditar diariamente. É para quem já não consegue encaixar todas as suas obrigações no tempo de que dispõe e, muito menos, inserir coisas extras. Parar é o que chamamos de "contemplação contemporânea". É feito sob medida para a cultura ocidental: é rápido, simples de aprender e eficaz.

A contemplação nos prepara para o momento presente e para tudo de que precisamos tomar consciência agora, a fim de sermos bem-sucedidos no que formos fazer em seguida e no que estivermos começando. Aprendi a duras penas que, se eu me engajasse num projeto espiritual ou de auto-aperfeiçoamento – desde tentar perder alguns quilos ou parar de fumar até procurar ser mais paciente com um colega problemático –, esse objetivo estaria destinado ao fracasso caso eu não estivesse parado ao iniciá-lo. Desse modo, parar é uma preparação para os desafios que enfrentamos a cada instante e até para aqueles que nós mesmos criamos.

A razão pela qual tantos dos nossos projetos bem-intencionados fracassam não é falta de boa vontade nem falta de força de vontade, muito menos fraqueza moral ou falha de caráter. Isso acontece porque iniciamos esses projetos partindo de uma posição muito atarefada e distraída.

Uma vida excessivamente assoberbada e dispersa também mata o poder da imaginação, que é uma parte essencial de qualquer existência saudável. Se não pudermos imaginar o que sonhamos ou desejamos apaixonadamente, nunca seremos capazes de realizá-lo. Durante o tempo em que paramos, a nossa imaginação ganha espaço e coragem para voar.

DESCOBRINDO AS PAUSAS ENTRE AS NOTAS

Gosto de citar poetas porque os considero as pessoas mais capazes de observar, ver com clareza e expressar as questões da vida. Rainer Maria Rilke, por exemplo, foi um poeta apaixonado. No poema a seguir, extraído do *Livro de horas,* ele nos dá uma linda expressão do significado de parar.

Eu sou a pausa entre duas notas,
que de certa forma estão sempre em dissonância,
pois a nota da Morte quer prevalecer –
mas no intervalo escuro, reconciliadas,
lá ficam elas tremendo.
E a canção continua, linda.

O que podemos aprender com esse poema? O poeta quer ser definido como a pausa entre as notas e deseja que sejamos como ele: aquele momento breve e medido entre o tempo em que uma nota da música cessa e a outra se inicia. Sem essa pausa, tudo seria um alarido caótico. "A Morte" – isto é, a distração e o esquecimento – dominaria tudo caso enchêssemos as nossas vidas apenas com notas. Se só existissem notas e nenhuma pausa, haveria uma Babel. O som não soaria como música, pois seria mais parecido com uma sirene. Na reconciliação do "intervalo escuro", porém, a canção "continua, linda" porque é nele que todas as notas se tornam organizadas e melódicas. É lá que elas adquirem o seu significado e valor.

Aqui está um exemplo prático do que são as pausas entre as notas: você pulou para dentro do carro depois de despachar um pacote no correio e segue a caminho de um compromisso. Está pensando no que acabou de fazer ou no que terá que fazer em breve. Despachar o pacote e ir ao tal compromisso são "notas". Isso você faz bem, pois se preocupa em tocar as notas certas. Mas o que você provavelmente perde é o agora, o intervalo entre as notas, o momento dentro do carro enquanto vai de uma coisa para outra. É esse tempo que eu quero que você perceba. É esse tempo que o poeta destaca.

PARADO: DESPERTO E RECORDANDO

Visualize um viajante na sua jornada solitária, parado numa encruzilhada da estrada, refletindo sobre o momento, inteiramente desperto, equilibrado, sem pressa, consciente da sua força e, na hora certa, escolhendo a estrada e seguindo em frente. Dificilmente uma decisão tomada dessa forma pode estar errada. A viagem será bem-sucedida, qualquer que seja o resultado.

Agora imagine outro viajante indo pela estrada num frenesi de ansiedade, disperso, deixando cair coisas ao longo do caminho, incapaz de distinguir orientações adequadas de orientações falsas, esfarrapado, exausto e, sem pensar, tomando o lado mais próximo da encruzilhada. Não é um modelo atraente nem o que escolheríamos. Ainda assim, quantas vezes fazemos isso. Correndo de uma atividade para outra ou de nota para nota, numa tentativa frenética de manter o ritmo ou descontar o atraso, perdemos as chaves, a passagem de avião, a agenda, nós mesmos.

Estar desperto, ou saber quem você é e prestar atenção no que está ocorrendo tanto dentro de você quanto ao seu redor, é algo próximo do que as tradições espirituais do Oriente chamam de autoconsciência. Implica estar muito atento ao momento presente, ao que você está fazendo na hora, ao seu sentimento interior e à pessoa à sua frente. É notar o tom de voz de alguém e a sua linguagem corporal, observando o mesmo em você. É ver as diversas coisas que acontecem no decorrer do dia e rapidamente avaliar se elas são importantes ou triviais.

Esse processo também o ajuda a reunir os fios do seu histórico, das suas histórias. Ajuda-o a recordar quem você é, de onde vem, para onde está indo e aonde quer ir. Ajuda-o a se lembrar dos seus objetivos, ideais e sonhos originais e de por que você começou a fazer o que está fazendo para poder ver se ainda quer levar isso até o fim.

Parar é recordar. Isto é, trazer de novo para o coração (*cordum*) todas as partes do seu eu que foram deixadas para trás ou espalhadas na pressa e reunir de novo todas as suas "cordas" num todo coeso. Estas duas pérolas – despertar e recordar – são os elementos essenciais de parar.

Pare e vá em frente!

Carpe diem significa "aproveite o dia" – uma frase de Horácio, poeta romano. Essa expressão nos estimula a aproveitar o momento presente, a aceitar as chances que a vida nos dá, porque talvez não se repitam. Aproveite o dia. Corra atrás. Siga os seus sonhos. Assuma o risco. Parar e *carpe diem* parecem estar em extremidades opostas. Numa delas temos: "Pare, fique quieto, dê um tempo até ficar espiritualmente desperto e lembre-se das coisas importantes." Na outra se encontra: "Aproveite o dia, saia e corra atrás, consiga o que você quer e faça isso agora." Será que são comandos conflitantes?

Eu diria que eles diferem na seqüência de aplicação. Antes de aproveitar algo, é melhor você saber o que está querendo. Como há um excesso de coisas que precisamos resolver, temos a tendência de agir antes de pensar. É como o executivo que estava tão ocupado em subir na hierarquia da empresa que só quando chegou perto do topo descobriu que a escada estava encostada no lado errado. Antes de ir em frente, é melhor parar para evitar que o seu movimento seja resultado de uma escolha impulsiva, executado de modo imperfeito, finalizado com insucesso e acabando num grande fracasso.

A combinação de não fazer nada e *carpe diem* é exatamente a essência de parar. Assim, com as minhas desculpas a Horácio, digo que é melhor que saibamos qual é o dia que queremos aproveitar antes de o aproveitarmos ou, provavelmente, ele terminará mal. Antes de desfrutar o dia, pare por um dia. Ou mesmo por um minuto.

II

Os três modos de parar

Finalmente a coisa penetrou na minha cabeça dura.
Esta vida – este momento – não é um ensaio geral.
É para valer!

F. Knebel

O processo de parar pode ser realizado em três níveis. Eles se baseiam na duração do tempo: Pausas Breves, Escalas de Viagem e Paradas Gerais. Todos são eficazes, mas cada um deles é adequado a um momento diferente da vida.

Uma Pausa Breve é parar rapidamente e não fazer nada durante apenas um instante. Pode ser feita a qualquer hora, todo dia e muitas vezes por dia. As Pausas Breves são essencialmente curtas: poucos segundos ou poucos minutos. Destinam-se a aproveitar os momentos aparentemente vazios: enquanto o microondas esquenta o café, escovando os dentes ou parado num sinal de trânsito. Devem também ser realizadas em instantes de estresse: ao entrar para uma entrevista, durante um acesso de raiva ou quando você percebe que vai chegar atrasado a um compromisso.

Um pouco menos freqüentes são as Escalas de Viagem, que são períodos maiores do que as Pausas Breves: de uma hora a vários dias. Essas paradas são maravilhosas, pois você tem a sensação de que esteve fora e deu pequenas férias para o espírito. A Escala de Viagem pode se dar numa tarde, num dia ou num fim de semana.

As Paradas Gerais provavelmente acontecerão poucas vezes na vida da maior parte das pessoas. São períodos que vão de uma semana a um mês ou mais. Obviamente demandam mais planejamento e uma disponibilidade maior de tempo e energia. Em geral ocorrem nas épocas de transição nas nossas vidas.

São esses os três níveis do parar e todos são eficazes. Contudo, quanto mais freqüentemente forem repetidos ou maiores os períodos, mais duradouros serão os efeitos. Eles se destinam a ajudá-lo a manter uma coisa em mente: tudo o que você tem é o *agora*. O *antes* já passou, o *depois* ainda não aconteceu e talvez nunca aconteça. Como nos lembra a citação no início deste capítulo, você não está em um ensaio geral da sua vida real que vai ocorrer daqui a algum tempo. Você não está esperando por alguma coisa: está no meio dela.

Pausas Breves: a essência do processo de parar

Não fosse a pausa em ponta,
a Pausa Breve,
não haveria dança,
e existe apenas a dança.
T. S. Eliot, *Quatro quartetos*

As Pausas Breves são a forma de parar que pode ser usada com mais freqüência e que constitui a base de todo o processo de parar. São rápidas e bem focalizadas. Criá-las ao longo do dia é fundamental para a incorporação desse processo às nossas vidas. Elas vão se acumulando e criando a espinha dorsal que mantém a estrutura. Um dia com 15 Pausas Breves o deixará muito mais em paz, satisfeito e calmo, não importa o que tenha que fazer, quantas pessoas precise atender ou quantos incêndios deva apagar. As Pausas Breves também nos preparam alegremente para as paradas mais longas.

O procedimento durante uma Pausa Breve é simples: você pára o que está fazendo, fica sentado ou de pé, respira fundo com os olhos abertos ou fechados, focaliza a atenção interiormente e recorda o que precisar recordar. Pare, respire e recorde. Essa parte é muito flexível – pode ser a lembrança de uma coisa em que você crê ou de um fato que o motiva. Mas também pode ser a recordação de uma prece pedindo força ou paz, uma mensagem que você tem necessidade de ouvir naquele momento, do tipo "você consegue fazer isso", ou um auto-encorajamento, como "você está indo muito bem". Veja a seguir alguns exemplos de Pausas Breves.

Você está num ônibus (num trem ou num avião) e olha para frente, talvez focalizando as costas do encosto da poltrona. Comece prestando atenção na sua respiração por alguns instantes. Depois se lembre de algumas pessoas que são muito importantes para você. Após fazer isso por um ou dois instantes, sorria suavemente. Você também pode estar na copiadora (ou no fax, ou no computador, ou aguardando numa fila) esperando que um trabalho seja realizado. Relaxe os músculos dos ombros, respire bem fundo e devagar, com os olhos abertos ou fechados, e pense em algo que lhe causa alegria.

As palavras do poema de T. S. Eliot no início desta seção são extremamente adequadas à compreensão das Pausas Breves. Para que a dança exista, é preciso haver pausas. Tem que existir um ponto no qual o corpo em movimento pare e descanse. São esses momentos de placidez que dão energia à dança. Portanto, as Pausas Breves têm uma parte física (ficar imóvel e respirar) e uma espiritual (recordar, rezar, expressar gratidão ou quaisquer palavras que lhe façam bem). Simples, não é?

A respiração é uma inspiração

Jamais me esquecerei do momento em que aprendi a respirar. Não, não foi quando o médico deu uma palmada no meu bumbum e eu inspirei o meu primeiro sopro de ar. Foi cerca de quarenta anos mais tarde, durante um curso de terapia de associação de imagens interativas. Numa das sessões fomos orientados a fazer um exercício de respiração. A mulher que dirigia o grupo falou devagar, calma e claramente sobre o processo da respiração e sobre como a maioria das pessoas respira de forma superficial. Aquele ensinamento mudou a minha vida.

Respirar conscientemente significa respirar profunda e deliberadamente. Respirar profundamente é começar a respiração lá no fundo do abdômen e ir levando-a até o peito.

Para aprender a fazer isso, comece colocando a mão esquerda sobre o coração e a mão direita em cima do umbigo. Quando você inspirar, a mão direita deve se afastar do corpo à medida que os seus pulmões se enchem de ar, e a mão esquerda tem que permanecer imóvel. Esse movimento fará com que você pareça "mais gordo" do que é: o estômago ficará protuberante. Depois, enquanto você expira, a mão direita deve retornar ao encontro do corpo, mas a mão esquerda tem que ficar imóvel. A inspiração movimenta o seu estômago para fora, e não o seu peito.

Freqüentemente, o que acontece é que quando você respira fundo a mão esquerda se afasta do peito – isso significa que o ar está entrando superficialmente na parte superior do peito, sem levar oxigênio aos pulmões de maneira eficiente.

Prosseguindo, para conseguir uma respiração ainda mais completa, comece com as mãos colocadas como descrevi: a esquerda sobre o coração e a direita sobre o umbigo. Inspire e observe a mão direita se afastar. Mas dessa vez continue a inspirar e, quando a mão direita estiver o mais longe possível sem causar desconforto, conduza o ar para o peito e deixe que a mão esquerda também se afaste. Depois, ao soltar o ar, o movimento é inverso: primeiro a mão esquerda se aproxima do corpo, seguida pela mão direita. Ao respirar assim sucessivamente, você verá que há um movimento ondulatório quando o ar se desloca de baixo para cima e de cima para baixo: do estômago para o peito e do peito para o estômago.

A respiração consciente proporciona vários benefícios: aprofunda a sua percepção daquele momento específico, colocando-o em contato com o presente; massageia internamente os principais órgãos, relaxando-os; aumenta a percepção que você tem de si mesmo e leva-o a expandir-se espiritual e fisicamente.

Para experimentar o poder da respiração consciente, comece observando como você respira: o que acontece quando prende e comprime o ar e como se sente quando respira de modo profundo e deliberado. Confie nos benefícios da respiração profunda para o seu estado físico e emocional. Você ficará grato por eles.

Pausas Breves num mundo em torvelinho

Agora você já tem uma idéia do que são as Pausas Breves e já conhece a respiração consciente, que é a sua pedra de toque. Chegou a hora de começar a incorporá-las ao seu cotidiano. Veja algumas das maneiras como eu e os meus clientes fazemos isso:

Respirando no banheiro

Sim, o banheiro é um dos melhores locais para realizarmos uma Pausa Breve. "Quando tudo fica frenético, com todo mundo esperando alguma coisa de mim, vou para o banheiro", diz Tom, um gerente administrativo. "Tranco a porta, me olho no espelho e sorrio. Depois fecho os olhos, relaxo o corpo, respiro profundamente algumas vezes e passo os trinta segundos seguintes quieto. Termino com outro sorriso e talvez com uma declaração do tipo: 'Cuide bem de você mesmo'. Jogo um pouco de água fria no rosto e volto ao trabalho. Levo ao todo de dois a três minutos, mas isso faz uma tremenda diferença no modo como retorno às minhas tarefas!"

Caminhando de uma tarefa para outra

"O hospital onde trabalho é enorme e tenho que percorrer uma grande parte dele várias vezes por semana", diz Carol, uma médica. "Geralmente estou sozinha. A caminhada é um exercício, mas também é tempo para uma Pausa Breve, embora eu esteja em movimento. Respiro conscientemente e recordo o que é importante para mim. Depois de algum tempo, realmente faz diferença."

Numa situação tensa

Você certamente já esteve numa situação difícil como, por exemplo, participar de uma reunião em que alguém levanta a voz agressivamente ou diz algo mesquinho e injusto. É bem provável que tenha ficado tenso, prendendo a respiração e vasculhando desesperadamente a cabeça em busca da melhor forma de reagir. Isso já aconteceu comigo no local de trabalho. A primeira coisa que fiz foi respirar fundo. Na segunda respiração, enquanto inspirava, imaginei o ar entrando e me trazendo carinho, compreensão e amor. Depois, ao expirar, dirigi o ar com essas energias através dos meus olhos enquanto olhava diretamente para os olhos do homem que me havia agredido. O efeito foi imediato. A agressividade pareceu dissolver-se e o conflito foi resolvido depois num processo normal.

Quando você se sente empacado

Se estiver tendo dificuldade com alguma tarefa, feche os olhos por um instante e imagine-se inalando as energias da concentração e do relaxamento. Em seguida, abra os olhos e, ao soltar o ar, direcione o poder da respiração para a tarefa que tem à frente. Repita esse processo para construir um ciclo de energia circulante.

A caminho e de volta do trabalho

"Chamo isso de 'período de descompressão'", disse um homem ao me contar o que fazia para ajudá-lo na transição do trabalho para casa. "Dependendo do trânsito, a minha viagem dura de vinte a quarenta minutos. Logo que entro no carro, afrouxo a gravata, ponho uma fita de música relaxante e faço todo o possível para pensar na minha casa e na minha família: em como a minha esposa passou o dia e no que as crianças talvez estejam fazendo. Quando finalmente chego lá, entro com muito mais facilidade no mundo do meu lar."

Há vários recursos que você pode utilizar para intensificar o poder de uma Pausa Breve. Crie diálogos consigo mesmo ou declarações simples e curtas no início ou no fim. Por exemplo, "Estou legal, posso resolver isso"; "Esta aflição vai terminar logo, provavelmente dentro de poucas horas, e eu consigo agüentar qualquer coisa por algumas horas".

Outra boa forma de estímulo é perguntar: "O que Fulano ou Fulana (alguém que você admira) faria nessa situação?" Depois imagine que está recebendo a energia dele ou dela nesse exato momento e inspire essa energia. Outra ferramenta é visualizar a situação difícil com a qual você está se defrontando: feche os olhos e a "veja" com os olhos da mente. Na visualização, faça tudo acontecer exatamente como quer que aconteça.

Um gesto que mal seja percebido pelas pessoas à sua volta pode fortalecê-lo da mesma forma. Aqui está um que uso quando estou numa situação estressante e desconfortável: junto o polegar com os outros dedos da mão, fazendo um círculo, e repito para mim mesmo: "Isto também vai passar." Esse gesto me reconforta e me dá coragem e estímulo.

Os momentos e as formas para as Pausas Breves são incontáveis – pense na sua vida e escolha as situações e maneiras de usá-los.

Escalas de Viagem: mais coisas boas

Aproveite a tarde.
Você não pode levá-la com você.
Annie Dillard

Embora as Pausas Breves sejam o modo mais comum, mais básico e mais obviamente benéfico de pararmos, o verdadeiro desafio para a maioria de nós é o nível que vem logo a seguir: as Escalas de Viagem. São períodos maiores sem fazermos nada: uma ou muitas horas, um dia, um fim de semana ou vários dias.

Pense nas Escalas de Viagem como as estações numa viagem de trem longa e tranqüila, onde você desembarca, olha em torno, aprecia a paisagem, respira o ar fresco e retoma a viagem sentindo-se descansado, como se tivesse passado por uma mudança.

"O meu trabalho é muito intenso", disse uma mulher que supervisiona uma grande unidade de saúde. "No trabalho estou sempre 'ligada' e quando chego em casa preciso de um tempo para me ajustar à vida familiar. Por isso tenho uma regra que sigo fielmente: ao entrar em casa, fico sozinha durante meia hora antes de começar qualquer coisa. Essa é a Escala de Viagem do meu dia. Deu um bocado de trabalho fazer as crianças compreenderem por que eu necessito disso, mas aos poucos elas foram aceitando."

Para muitos de nós talvez o melhor momento de experimentar pela primeira vez uma Escala de Viagem seja num fim de semana. Escolha uma data, talvez daqui a alguns meses para que você possa ir se acostumando com a idéia, marque no calendário e planeje passar a noite sozinho. Deixe que o não fazer nada lhe pareça positivo: "Não vou ter realmente nada para fazer durante um dia e meio. Absolutamente nenhuma pressão e nenhuma expectativa."

Um grande número de Escalas de Viagem acontece durante as

férias. Se você sai de férias com a família, talvez possa reservar um dia para ficar sozinho. Muita gente entulha esse período com uma grande quantidade de coisas, num ritmo tão rápido que destrói o descanso e a renovação. Por isso, pense em tirar umas férias parado – elas podem ser as melhores da sua vida.

Esse é o seu corpo falando

Provavelmente todos nós já fizemos Escalas de Viagem. Algumas vezes, porém, elas não resultaram de uma escolha consciente, e sim de um mal físico. A doença é freqüentemente o modo que o corpo tem de falar conosco e nos obrigar a parar quando as nossas mentes e os nossos corações estão excessivamente sobrecarregados. Uma Escala de Viagem provocada por uma doença é a maneira de o corpo dizer: "Se você não decidir parar, terei que forçá-lo a isso."

Mas esse é um meio ineficaz de viver uma Escala de Viagem. Quando você está doente, é difícil apreender ou valorizar qualquer coisa, pois a sua mente não está receptiva. Geralmente você fica deitado, sentindo-se péssimo e esperando que aquilo tudo acabe para poder se levantar e sair correndo novamente.

Os nossos corpos falam conosco de muitas formas. Se você parar com freqüência, vai acabar aprendendo a ler a linguagem do seu corpo antes de ficar doente. Notará os primeiros sintomas da doença e identificará os diversos sinais físicos que o afligem. Parar o leva a fazer perguntas como: "O que é que essa dor nas costas está me dizendo? Será que eu estou 'carregando' algo que não quero ou não preciso carregar? Por que estou sempre com dor de garganta e com tosse? Será que tenho que dizer alguma coisa que está presa na minha garganta?" As respostas para perguntas desse tipo – e as próprias perguntas – aparecem no silêncio da parada, que nos permite observar a nossa saúde e cuidar dela, evitando muitos males.

Desculpas, desculpas!

A incorporação consciente das Escalas de Viagem nas nossas vidas não é uma tarefa fácil. Exige determinação, motivação clara e muita garra, pois essas Escalas demandam um tempo significativo. Por isso usamos várias desculpas para evitá-las, inclusive a de falta de tempo: "Tenho um monte de coisas para fazer esta tarde, vou ficar horas afastada do meu marido, da minha família, do trabalho, etc."

Mas, se você é como eu, o seu maior medo é você mesmo. Era isso o que me assustava. As perguntas me assombravam: "E se eu descobrir que sou tão medíocre quanto tenho medo de ser? E se eu me lembrar de algo horrível que me aconteceu há muitos anos? E se eu constatar que sou um fracasso?" A melhor maneira de enfrentar os meus temores não foi evitando essas perguntas, mas encarando-as: "Tá legal, e daí? E se eu realmente descobrir problemas quando estiver parado? É melhor saber disso logo e ver o que eu posso fazer a respeito do que ficar convivendo com isso e me prejudicando."

Se você começar a sentir medo do encontro consigo mesmo ao planejar uma Escala de Viagem, é porque você é como quase todos nós. Saiba que esses temores são naturais e podem ser enfrentados e vencidos. A pessoa que incorpora as Escalas de Viagem está considerando a vida uma aventura espiritual. Caso você tenha cinqüenta anos ou mais, lembre-se, por favor, de que nunca é tarde. Agora é o melhor momento para descobrir quem você é e o que é mais importante para você.

Procure entender a Escala de Viagem como uma expressão de amor e carinho consigo mesmo, pois é isso o que ela é. No entanto, se essa não for uma razão suficiente para motivá-lo, pense no seguinte: uma Escala de Viagem é um ato de generosidade com quem convive com você e para com o mundo em geral.

Muitas vezes na relação amorosa é difícil perceber o que recebemos. Tendemos a nos concentrar em dar bondade, sem tomar consciência de que também precisamos recebê-la. Uma pessoa parada consegue observar e apreciar os atos generosos que lhe são dirigidos. Uma pessoa apressada, aflita e estressada não é capaz disso. E, como o amor é uma via de mão dupla, quando os outros observam as nossas qualidades de harmonia, calma e paz, isso os estimula a explorar a mesma trilha.

Há toda uma pressão social atentando contra as Escalas de Viagem. Quando você informa que vai tirar um tempo de folga, é bem capaz de ouvir coisas do tipo: "Como é que ela é capaz de deixar a família durante tanto tempo?" ou "Ele deve ter um bocado de dinheiro para poder se afastar do trabalho por tantos dias". Os seus filhos talvez digam: "Quem vai me ajudar no dever de casa?" E os seus pais irão acrescentar: "Acho que é uma perda de tempo, você devia tentar arranjar um emprego melhor."

Que duração deve ter a sua Escala de Viagem? Para obter a resposta, siga esta receita: pegue o estado de cansaço e estresse, junte com a quantidade de tempo que você pode tirar de folga e combine com o que você está realmente a fim de fazer no momento. Bata tudo junto até que a resposta apareça. Mas posso garantir: quanto mais longa a duração, melhor.

PARADAS GERAIS: OS DIVISORES DE ÁGUAS E AS MARÉS DA VIDA

Uma Parada Geral é um período longo que acontece poucas vezes numa vida inteira e que talvez não seja necessária para todas as pessoas. Geralmente ela marca uma transição ou decisão significativa na vida de alguém. Essa transição tanto pode ser chamada de divisor de águas, simbolizando um ponto crítico que faz com que tudo passe a fluir para um sistema diferente, quanto de maré, indicando uma mudança de ênfase profunda e generalizada, mais vagarosa, com efeitos duradouros e penetrantes.

Na época em que vivi minha crise no sacerdócio, a Parada Geral tornou-se fundamental. A vida que eu levava não fazia mais sentido, e eu não tinha idéia do rumo que queria seguir. "A vida se resume a isso?", foi a pergunta que me fiz antes da minha primeira e mais importante Parada Geral. Aos quarenta anos, aquele foi o momento em que percebi que conseguiria realmente realizar algo que na época parecia além da minha capacidade: abandonar o sacerdócio católico. Ao mesmo tempo havia outras perguntas: "Será que esta crise é somente um estágio no meu crescimento como padre?" e "Será que não é melhor enfrentá-la segurando a barra e me mantendo firme?".

Passei a minha Parada Geral – um mês numa cidadezinha isolada no litoral norte da Califórnia – tendo aulas de pintura, o que para mim era uma forma totalmente nova de não fazer nada. Não fiz absolutamente nada e me mantive isolado. As minhas perguntas, que agora já não eram tão prementes, foram se esvaindo no horizonte. Eu sentia que o meu computador interno estava examinando minuciosamente todos os arquivos, situações, fatos e sentimentos da minha existência até aquele momento e que essa investigação funcionava o tempo todo, automaticamente, fora do meu controle consciente.

Hoje percebo que essa Parada Geral não teria sido possível se eu não tivesse de alguma forma, nos anos anteriores, incorporado à minha vida o que agora chamo de Pausas Breves. Foi o acúmulo daqueles momentos que me deu coragem para fazer o que eu tinha que fazer naquela encruzilhada moral. Aquela decisão mudou a minha vida e me obrigou a decepcionar muita gente, a quebrar os votos que eu fizera a Deus e ao mundo, a violar regras familiares muito antigas e a assumir o risco de descobrir se eu podia agüentar o tranco e me sair bem no mundo em termos pessoais.

Não posso dizer que a minha transição tenha ocorrido sem problemas, arrependimento ou dor. Só posso afirmar que eu sei que tudo teria sido muito pior – mais confuso e mais doloroso para mim e para os outros – sem aquela Parada Geral. Posso também acrescentar que em todos os estágios dessa transição tive a impressão de estar, mesmo em grau mínimo, consciente dos elementos em jogo. E foi uma decisão feliz, graças ao processo de parar.

Durante as grandes transições, a influência do espiritual tem uma força enorme, quase magnética, porque essas mudanças maiores sempre dizem respeito aos nossos valores e objetivos de vida. Quais são os seus momentos divisores de águas? Quais são as marés no oceano da sua vida? Você está atravessando algo assim agora? Talvez seja a hora de fazer uma Parada Geral. E, se não for já, provavelmente será em alguma ocasião futura.

Para entender o que se passa numa Parada Geral, vou usar o computador como metáfora. Pelo que entendo, um computador examina minuciosa e constantemente numerosos bits de informação, selecionando apenas aquilo de que precisa para realizar a tarefa solicitada. É o que acontece no decorrer de uma Parada Geral. O seu computador interno esquadrinha a sua vida, tudo o que já se passou antes, todos os caminhos percorridos, todos os ensinamentos recebidos, todos os valores e objetivos de vida, para tomar a decisão desejada. Uma parte dessa investigação é bastante consciente e deliberada, mas a maior parte dela é inconsciente e automática. É feita enquanto você anda de bicicleta, prepara as suas refeições ou contempla o mar.

Veja mais dois exemplos de Paradas Gerais:

Uma estada numa ilha

"O meu nome é John. Há vários anos, após meses de planejamento, aluguei uma cabana simples em uma ilha. Preparei-me para a viagem com bastante antecedência, dizendo a todos que só me procurassem se houvesse uma emergência. Levei apenas um livro e um diário. Eu tinha uma bicicleta e comida suficiente. Caminhava muito, pedalava, lia ou escrevia um pouco, meditava duas vezes por dia e ficava a maior parte do tempo basicamente sem fazer nada. Era raro eu falar com alguém, passei alguns dias absolutamente calado. Por duas semanas apenas existi. Aquele era um momento de transição na minha vida e eu queria estar o mais desperto possível para tomar a decisão certa. Ainda não sabia se devia abandonar o centro de assistência social em que trabalhava como terapeuta familiar e abrir uma clínica particular. Muitas dúvidas me atormentavam. De volta da ilha, a minha confiança pareceu retornar e optei por arriscar. A mudança foi bem-sucedida. Será que eu teria escolhido esse caminho sem uma Parada Geral? Acho que não."

Um retiro de nove dias

Sally é uma professora casada, tem mais de trinta anos, é mãe de dois filhos e trabalha regularmente como voluntária numa igreja. De repente ela tomou consciência de que a sua vida tinha se tornado insuportável. Na realidade, a sua vida parecia bastante satisfatória, mas, segundo a própria Sally: "Eu estava ficando emocionalmente entorpecida, sem conseguir me concentrar no que queria. Eu me sentia afastada de mim mesma." A sua Parada Geral se deu durante nove dias de silêncio e placidez num local de retiro, a poucos quilômetros da sua casa. A maior dificuldade que encontrou foi com o marido e os filhos. O marido relutou a princípio, porém depois a apoiou e mais tarde fez a sua própria parada.

"Eu sei o quanto isso foi importante para mim. É difícil explicar exatamente o que eu consegui. Em todo caso, posso dizer que me senti mais segura por me conhecer melhor, por ter fortalecido o meu relacionamento com Deus e por saber que, independentemente do que eu fizesse dali em diante, não iria me sentir isolada ou alienada", disse ela. Observe que a sua grande mudança não implicou uma ruptura radical com nenhuma situação de vida nem provocou uma grande mobilização emocional. Foi um tipo de transição semelhante à maré, vagarosa e tranqüila.

Crescendo "como o milho durante a noite"

A maneira de fazer é sendo.
Lao-Tsé

Como é que parar funciona? Já usei a metáfora do computador e da minuciosa investigação interna que ele realiza. Quando estamos parados, essa investigação acontece por si só apenas porque nós nos damos tempo. O mais fascinante desse processo é que ele não precisa ser consciente. Não temos que analisar nada para encontrar uma saída. Basta criarmos um pouco de espaço e tempo ao nosso redor, e a nossa mente e alma esplêndidas resolverão o problema.

Na década de 1940, Henry David Thoreau descreveu como se deu o seu crescimento durante o processo de parar no período em que foi morar sozinho perto da lagoa Walden, em Massachusetts, a fim de "viver deliberadamente" e despertar: "Eu ficava sentado na soleira da porta do alvorecer até o meio-dia, mergulhado em devaneios, entre os pinheiros e as nogueiras, numa solidão e placidez totais, enquanto os pássaros cantavam por ali ou esvoaçavam silenciosamente pela casa..." Essa é uma descrição maravilhosa de uma forma contemplativa de Escala de Viagem: "do alvorecer até o meio-dia, mergulhado em devaneios".

Ele continua o seu relato: "Naquelas temporadas eu crescia como o milho durante a noite, e elas foram muito melhores do que se estivesse realizando qualquer trabalho manual. Não foram períodos que subtraí da minha vida, pelo contrário... eu não me importava com o passar das horas..."

"Como o milho durante a noite" é uma imagem maravilhosa, cheia de força. Você consegue se imaginar dentro da espiga, crescendo, absorvendo os nutrientes da terra, tendo retido na sua carne o calor do sol escaldante do dia, bebendo a umidade do orvalho e combinando tudo isso para criar o milagre daquele alimento amarelo e brilhante? É assim que nós crescemos quando estamos parados. O processo ocorre por si só. Nós não temos que fazer nada.

O que você vai encontrar durante uma parada é algo exclusivamente seu. É extremamente valioso e estimulante para a sua vida, mesmo que lhe traga à consciência questões dolorosas e difíceis. O ponto mais significativo é: *não há nada de errado com você*. Um objetivo importante quando parar é perceber esse fato. Isso é verdade, embora você, como a maioria das pessoas, possa identificar muitas áreas em que precisa se aperfeiçoar, o que mostra apenas que você é humano, não é Deus.

Mas parar inclui também outra dimensão que equilibra e completa o processo de libertação. É a descoberta da sua verdade. Refiro-me à necessidade que todos nós temos de nos livrar de limitações, de sair de nós mesmos e de encontrar aquele algo mais que dá uma dimensão especial à vida. A finalidade última, ao descobrirmos a verdade, é entender para que fomos feitos. Abençoados são os que sabem, pelo menos até certo ponto, a razão da sua existência e as respostas para perguntas como "Por que estou aqui?".

Mas também são abençoados, e talvez ainda mais, os que têm consciência das perguntas e buscam as respostas, mesmo que não consigam obtê-las. Preste atenção porque vou dizer uma coisa importante: *é na busca que se encontra o nosso valor*. O propósito de parar é servir a essa busca.

Se o importante é o processo da busca, parar não pode dar errado, mesmo que gere desafios, dor e confusões. É muito mais provável que a sua procura por um objetivo e os projetos que você empreende antes de estar pronto para executá-los fracassem quando você está desatento, pois não se preparou ficando parado. E talvez o mais grave sejam os planos valiosos que jamais realizará porque não está parado o suficiente para conseguir reconhecê-los. No momento em que estiver ativamente engajado nesses dois processos, o de descobrir a sua verdade e o de libertá-la, então a vida, por mais frenética que seja, poderá avançar.

A ESPIRITUALIDADE COTIDIANA

A esta altura já está evidente que parar é essencialmente um processo espiritual. A espiritualidade consiste naquilo pelo que nos sacrificamos, no que colocamos em primeiro lugar e no que abandonamos por último. São as nossas respostas para as grandes questões da vida e as nossas verdades no leito de morte. É a espiritualidade que forma os significados e valores que influenciam o modo como vivemos no dia-a-dia. A moralidade é baseada na espiritualidade. O juízo de certo ou errado que atribuímos às nossas ações é fundamentado naquilo que valorizamos e em que encontramos sentido.

Gosto de chamar essa definição de "espiritualidade cotidiana" porque ela é útil para a vida acelerada que levamos atualmente. A espiritualidade cotidiana é acessível a todas as pessoas, o tempo todo: às que têm uma filiação religiosa com valores transcendentais, às que cultivam apenas valores mundanos e às que pertencem a qualquer combinação dessas duas linhas. Todos nós somos espiritualizados, mesmo que não sejamos religiosos ou não nos consideremos assim. Pode ser que não tenhamos consciência disso, mas todos nós possuímos valores que determinam as nossas ações e o rumo que damos às nossas vidas.

Ter uma prática espiritual vai ajudá-lo a parar. Imagine que durante uma parada você descobre que quer dedicar-se a um trabalho voltado para crianças carentes ou que deseja romper um relacionamento insatisfatório. Se já tiver uma prática espiritual, ela poderá auxiliá-lo a alcançar esses objetivos com mais facilidade. Com o processo de parar espero que você descubra os anseios que tantas vezes se encontram bloqueados e frustrados pela pobreza – do bolso e do espírito –, pelo medo ou até mesmo pelas religiões e instituições, que freqüentemente impõem o que devemos almejar.

Acredito que todo desejo profundo e ardente é de certa forma um anseio por integração e unidade com o mundo e, em última análise, com Deus ou com o que quer que você considere a realidade divina. O objetivo de parar é ligá-lo ao desejo do seu coração, é ajudá-lo a identificar esse anseio, a dar-lhe um nome, a persegui-lo e realizá-lo. Na realidade, não será o ato de parar que fará isso: será você.

III

Os frutos de parar

Parar é uma experiência rica e multifacetada. É como se, depois de vivermos numa esplendorosa mansão antiga por muitos anos, um dia descobríssemos uma ala inteiramente nova, com aposentos desconhecidos, cheios de objetos magníficos. Nós somos essa casa antiga e ampla e temos alguns cômodos maravilhosos esperando para serem descobertos e explorados. Quem dá uma parada usufrui muitos benefícios diferentes que, como os quartos da mansão, sempre estiveram lá, mas foram ignorados porque estávamos excessivamente ocupados para conhecê-los.

Tentei escolher os benefícios mais importantes que parar pode proporcionar. Certamente existem outros, porém estes sete parecem ser os essenciais: concentrar a *atenção;* conseguir um verdadeiro *relaxamento;* desfrutar a *solidão;* ter *abertura* para o que é e como é; estabelecer *limites* fortes mas flexíveis; abraçar a própria *sombra;* e identificar e viver o próprio *propósito*. Vou examinar cada um dos frutos de parar e apresentar sugestões de como desenvolvê-los.

O fruto da atenção

A atenção nos faz ficar despertos e recordar. Ela nos ajuda a perceber o que existe dentro de nós, o que valorizamos e o que nos atrai. Faz com que, parados, tenhamos consciência do que está se passando naquele exato momento e nos lembremos de tudo o que consideramos significativo para a nossa vida.

As distrações são o arquiinimigo da atenção. Muitos de nós estamos tão ocupados, tão sobrecarregados e, portanto, tão espiritualmente adormecidos que passamos a nos mover sem pensar de uma distração para outra: acordar, tomar o café da manhã, correr para o trabalho, trabalhar o dia inteiro, voltar para casa, comer, assistir à televisão e ir para a cama. Embora estejamos nos movimentando, podemos passar o dia todo como se estivéssemos dormindo, sem saber por que estamos cumprindo essa rotina incessantemente e se queremos realmente segui-la. Ou talvez passemos o dia dando atenção aos outros. O tempo para nós mesmos fica esquecido. Perder a noção do tempo e das datas é um sinal de distração.

Num estado desses, acabamos sendo impelidos por aquilo que fizer mais barulho ou pela demanda mais exigente. Isso nos faz priorizar as coisas menos importantes, preterir as principais e colocar o carro na frente dos bois.

As mentiras que atraem a nossa atenção e motivam as nossas escolhas também são distrações. Algumas propagandas são grandes exemplos de distração. O anúncio afirma enfaticamente: "Isto é importante, você não pode passar sem isto." Crescemos acostumados a isso, o que dá ainda mais poder à publicidade. Escute só: "Torne-se mais maravilhosa usando este sabonete", "Fique por cima comprando este carro" e "Seja amado tendo este cartão de crédito". Como se um sabonete pudesse fazê-la maravilhosa ou dirigir um carro de determinada marca fosse capaz de colocá-lo no topo de qualquer coisa de valor. E, se o amor resulta de um cartão de crédito, é melhor descartar os dois.

O importante é estar desperto. E as perguntas-chaves são sempre: o que é que está realmente acontecendo aqui? Qual é a verdade desta situação? Imagine uma pessoa que vive um casamento monótono, passa o dia num trabalho entediante, volta ao lar para uma noite entorpecedora diante da televisão e começa tudo de novo no dia seguinte. Uma existência triste. Entretanto, um casamento, um trabalho e um programa de televisão podem ter significados completamente diferentes e muitíssimo enriquecedores. Tudo depende da nossa atitude.

Quando o meu amigo Bill morreu de Aids, fui tomado por vários sentimentos, mas o principal foi o propósito de prestar atenção na minha vida. A morte dele me fez lembrar de maneira muito profunda que a vida, apesar de extremamente valiosa, é curta, muitas vezes difícil, imprevisível e formada de alguns aspectos importantes e outros irrelevantes. Portanto, é melhor colocá-la em ordem imediatamente. Amanhã pode ser tarde.

O esquecimento provém diretamente da distração. Esquecemos de onde viemos, como viemos, a direção para onde vamos e por que estamos indo para lá. Esquecemos os nossos valores, tradições e raízes. Anos atrás o meu irmão mais velho encorajou o genro a fazer algumas pesquisas e depois a escrever e publicar um livro sobre o nosso avô paterno, que, ainda menino e sem tostão, migrou da Hungria para os Estados Unidos, e mesmo assim se tornou um dos mais importantes cidadãos de Cleveland. O presente que esse livro deu à nossa família foi fazer cada um de nós conhecer-se melhor. A nossa história ficou enriquecida, e agora quando folheamos o livro ganhamos muitos momentos de parada.

Quando estamos distraídos e esquecemos o que é verdadeiro e importante para nós, tendemos a cometer erros: eu esqueço onde coloquei um documento necessário, levo o livro errado para a reunião ou compro a bateria do tamanho errado. Seguindo em frente sem parar, aumentamos as chances de falhar. Prestar atenção tem a ver com observar. Ao observarmos coisas ou momentos, nós os absorvemos e os registramos. Eles se tornam nossos, não de maneira possessiva, mas de modo amigável e útil.

O FRUTO DO RELAXAMENTO

Esse é o fruto que vem da tranqüilidade física e mental no seu corpo, na sua casa, no seu país e no mundo. Sem uma quantidade mínima de relaxamento verdadeiro, qualquer iniciativa começa mal. Os seres humanos simplesmente não foram feitos para permanecer em estado de estresse o tempo todo.

O estresse hoje em dia é muito mais psicológico ou espiritual do que físico. O que é que você pode fazer se for avaliado injustamente por seu chefe que o inveja? Lutar (o que significa enfrentar o seu supervisor e outros superiores, mesmo sabendo que vai perder) ou fugir (o que significa largar o emprego e começar de novo)? Geralmente não podemos fazer nem uma coisa nem outra porque ambas vão dar mau resultado.

Mas os nossos corpos foram feitos para lutar ou fugir ante uma agressão, e os hormônios estão correndo nas nossas veias com essa missão. Essa energia negativa gerada pelo estresse tem que ir para algum lugar e fazer alguma coisa. Ela não desaparece sozinha. Na maior parte das vezes, o que ela faz é atacar o seu hospedeiro: você, que fica doente ou irritado, tem dores nas costas ou nos ombros, fica gripado ou resfriado, engorda ou emagrece. O estresse pode ser somatizado de várias formas, a não ser que você faça algo a respeito.

Use o diagrama seguinte para visualizar o processo graficamente. A linha pontilhada que começa à esquerda no ponto *a* e termina à direita no ponto *b* é a sua linha de vida normal. Acima dela você está no território do estresse e abaixo dela está no território do relaxamento. A sua vida começa no ponto *a* e caminha na direção do ponto *b*. Um pouco adiante ocorre um agente estressante (ponto *c*): digamos que alguém lhe dá uma fechada no trânsito, quase causando um acidente sério e assustando-o tanto que o seu coração começa a bater acelerado e os seus músculos se contraem com a descarga de adrenalina. Esse acontecimento o faz entrar no território do estresse. Comumente os efeitos da tensão causada por um fato desse tipo permaneceriam por dias ou até semanas. O estágio de resistência (de *d* para *e*) é o tempo que você realmente despende lidando com esse estresse. Pode durar de uns poucos momentos a anos.

Reação ao estresse

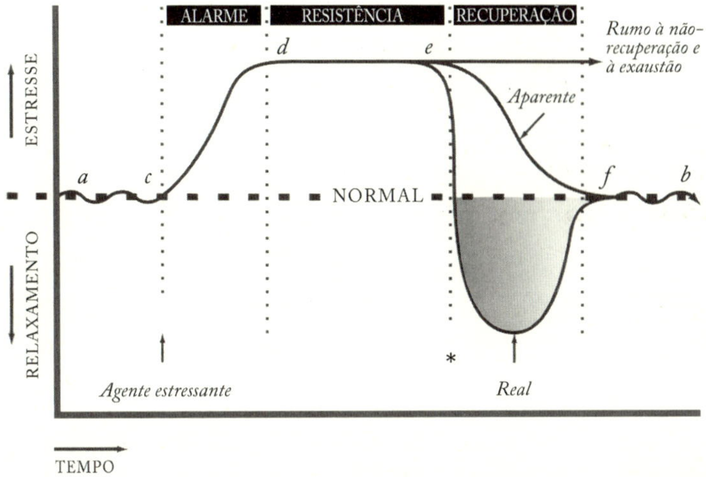

(*Baseado num modelo de Emmett Miller, M.D.*)

Agora, observe uma coisa importante: se você simplesmente volta à sua linha de vida normal e segue em frente, não está inteiramente recuperado. Embora não perceba, ainda está carregando os efeitos daquele impacto, que se somam aos de outras situações estressantes. Para um restabelecimento verdadeiro, é preciso que permaneça um tempo abaixo da linha, dentro do território de relaxamento, para só depois retornar à linha de vida normal no ponto *f*. Somente aí você estará verdadeiramente recuperado. Para cada período passado acima da linha (no território do estresse), você necessita do contrapeso de um tempo despendido abaixo da linha (no território do relaxamento).

Parar é permanecer um tempo abaixo da linha. No caso de algumas pessoas, parar proporcionará um relaxamento verdadeiro pela primeira vez nas suas vidas. Isso se aplica particularmente a quem vem convivendo com agentes estressantes prolongados, como doenças crônicas (próprias ou de outros), relacionamentos difíceis, situações de trabalho injustas, maus-tratos, família ou negócios complicados, situações sociais caóticas e descontroladas, excesso de trabalho, etc.

As Pausas Breves também são boas companheiras do relaxamento. O esquema de respirar e recordar faz com que o sistema nervoso autônomo relaxe e se recupere. Para intensificar esse efeito, passe a fazer alguns alongamentos, observe onde há tensão no seu corpo e depois respire com a intenção de mandar a energia relaxante para esses locais.

O FRUTO DA SOLIDÃO

O fruto da solidão é você se sentir bem quando está sozinho. Isso inclui também o fruto da introspecção, que é a capacidade de olhar para dentro de si mesmo. O silêncio é outro benefício precioso. A vida que levamos permite muito pouca solidão e, apesar disso, períodos a sós são essenciais para uma vida equilibrada.

A verdade é que a solidão transforma. Ao sair de um período em que ficou sozinho, você já é um ser diferente. O sucesso da sua vida depende em grande parte da qualidade das pausas que você faz entre os acontecimentos. Não foi por acaso que os grandes líderes espirituais da história passaram muito tempo recolhidos, afastados ou sós, isto é, parados.

Um dos objetivos da solidão é ficar à vontade na sua própria companhia, conhecer-se e gostar mais de si mesmo e apreciar a maravilhosa obra de arte que você é. Muitas vezes a diferença entre a solidão e o isolamento é a estima que você tem por si mesmo. Não quero em absoluto dar a entender que as pessoas que não gostam de solidão têm baixa auto-estima. O temperamento de cada indivíduo também influencia: os introvertidos são por natureza mais interessados na atividade interna da alma, enquanto os extrovertidos são mais atraídos pelas expressões da alma ligadas ao mundo exterior. Uma coisa não é melhor do que a outra, são apenas diferentes.

A solidão é recurso indicado para a introspecção: olhar para dentro da sua própria alma e descobrir quem você é, examinar a sua vida e fazer um inventário. É a situação que permite que a investigação minuciosa do ato de parar aconteça, e talvez por isso ela seja o mais amedrontador dos sete frutos, pois cria a oportunidade para que as coisas venham à tona. Mas é também o fruto que pode lhe propiciar uma paz e uma calma antes desconhecidas, por revelar aspectos seus que são muito melhores do que você imaginava.

Se ficar sozinho o assusta, tente fazê-lo aos poucos. Comece com uma Pausa Breve de apenas alguns instantes e vá aumentando até uma Escala de Viagem de algumas horas numa praia ou num parque isolado. Cada progresso lhe proporcionará mais conforto, paz e calma.

O propósito da solidão é melhorar os momentos de companheirismo. Assim como o objetivo de parar é ir em frente, o objetivo da solidão é deixá-lo mais presente e receptivo quando você estiver com alguém.

Detesto barulho. Ele nos rouba a atenção, o relaxamento e a solidão. Infelizmente, é algo que está à nossa volta por toda parte. Por isso um dos mais preciosos resultados da solidão é o silêncio. Dada a sua própria natureza, ele nos leva para baixo da linha do estresse. Tente pensar em lugares próximos onde há silêncio e procure-os.

O FRUTO DA ABERTURA

Seja lá o que você possa fazer ou sonhe que possa, comece.
A ousadia tem gênio, poder e magia dentro de si.
Comece agora.

Goethe

Parar também nos traz uma abertura, que é a capacidade de receber os frutos que o mundo tem para oferecer e de aprender as lições da vida porque conseguimos notá-las. Ser um principiante é fundamental – ele compreende que tem algo a aprender e se abre para isso. O perito já "sabe" as respostas e assim se isola e se fecha.

Estar aberto inclui estar disposto a aprender. Para muitos de nós, isso talvez seja um desafio. Dizer "não sei", perguntar "o que é, como é, por que é" pode ser interpretado como fraqueza ou inferioridade, dando a impressão de que você entrega ao outro a sua decisão. Mas eu respeito profundamente as pessoas capazes de admitir a sua ignorância em um assunto, as que não se apegam às suas próprias opiniões, pois elas estão em busca de crescimento, de mais capacidade de compreensão por meio de outras perspectivas.

Ser receptivo também faz parte de estar aberto. É a capacidade de trazer algo ou alguém para dentro do nosso coração e da nossa mente. Isso talvez seja um desafio ainda maior na cultura em que vivemos, que valoriza os ultra-ativos e agressivos e considera a receptividade uma qualidade menor ou até mesmo uma fraqueza.

Por que a receptividade é necessária? Porque é o meio mais importante de obtermos informações, perspectivas, conhecimentos ou qualquer outra coisa. Uma vida bem-sucedida exige disposição para aprender. Para conquistarmos o que quer que seja, temos que estar receptivos a isso.

Nós nos enriquecemos quando somos capazes de receber o que está disponível: expressões espontâneas da vida, surpresas e coisas novas. Isso me traz à mente a palavra epifania – o termo grego para aparição, ou manifestação. Epifanias são todos aqueles momentos grandes ou pequenos em que percebemos algo, obtemos alguma coisa pela primeira vez, temos uma "visão", vemos algo se manifestar de maneira nunca vista antes ou alcançamos uma nova compreensão do que a vida é e de como nos encaixamos nela.

Uma escuta acolhedora e eficaz é outro resultado da abertura. Em vez de adotarmos uma postura defensiva e ficarmos pensando no que responder enquanto alguém nos fala, escutamos e nos tornamos receptivos a outra pessoa. Absorvemos conscientemente o que é dito, o que significa notar o tom de voz, a linguagem corporal e as palavras, ou seja, o significado real do que estamos ouvindo. Dessa forma, a resposta terá uma probabilidade muito maior de ser adequada, precisa e eficaz. E nos dará a tranqüilidade de, se não soubermos o que responder, dizer que necessitamos de um tempo para pensar.

Parar é escutar a vida, a fim de podermos nos abrir o suficiente para ouvir tudo o que há para ouvir. Você deseja se tornar mais receptivo e disposto a aprender? Tente a seguinte experiência: sente-se numa cadeira num aposento tranqüilo onde não venha a ser perturbado. Mantenha os olhos abertos e relaxe intensamente por cinco minutos enquanto tenta não fazer nada, mental ou fisicamente, exceto notar a sua respiração e o que acontece com você. Fique o mais receptivo possível e observe o que se passa: pensamentos, sentimentos ou sensações. Só isso.

Se esse procedimento lhe parece difícil, será mais fácil se ficar à toa. Planeje algumas horas sem fazer absolutamente nada e veja o que acontece. Desenvolva a capacidade de elaborar um inventário de si mesmo (O que é que eu estou sentindo agora?) e do que está se passando à sua volta (O que é que está acontecendo aqui?). Você se surpreenderá com o que começará a notar depois de algum tempo.

O fruto dos limites

Limites emocionais são um assunto psicológico complexo. A capacidade de sabermos onde nós terminamos e a outra pessoa começa, de ter clareza sobre o que é nosso emocionalmente e o que não é e de ver as pessoas da nossa vida posicionadas nos lugares em que desejamos que elas estejam – tudo isso é benéfico para o ato de parar. Possuirmos limites emocionais fortes mas flexíveis é um sinal de que somos capazes de viver com sucesso em comunidade.

Para compreender isso melhor, pense em si mesmo como uma casa. Quando a casa do outro lado da rua pega fogo, você se sente mal, porém não foi você que pegou fogo, e por isso toca a sua vida para a frente. Quando alguém pinta a casa vizinha, talvez você até fique feliz pela casa, contudo não se vangloria, porque a pintura nova não é sua.

No caso das pessoas (continuando a usar a casa como metáfora), pode haver algumas delas que você queira fora do seu portão, outras que você queira na sala, umas poucas que você queira na cozinha e uma que você queira no seu quarto, e assim por diante. Ter limites saudáveis é receber todas essas pessoas onde você as deseja, e não necessariamente onde elas querem estar. E o que é que isso tem a ver com parar?

Na verdade, é somente com um certo grau de parada, especialmente com Escalas de Viagem e Paradas Gerais, que é possível descobrir onde cada pessoa está colocada na sua casa. Parar é como dizer: "Tá legal, sai todo mundo um instante que eu vou dizer para vocês quando e se podem voltar e onde eu vou querer que cada um esteja!" Talvez você descubra que não há absolutamente ninguém na sua casa e que você gostaria de ter algumas pessoas ali.

As três formas de parar ajudam a clarear outra questão relativa a limites: quais são os seus sentimentos e quais não são. Outro modo de dizer isso é que parar o ajuda a saber a diferença entre você mesmo e os demais.

Uma vez fiquei observando uma família que estava fazendo um piquenique num parque: mãe, pai e duas crianças pequenas. Quando os pais começaram a discutir e a berrar um com o outro, percebi que o estado emocional das crianças passou a imitar o deles: elas começaram a choramingar, foram num crescendo e acabaram berrando. Assim que os pais resolveram a questão, as crianças voltaram a um estado pacífico. Elas não conseguiam separar os seus próprios sentimentos dos sentimentos deles. Isso é próprio de crianças, mas não é saudável para adultos. A sua dor e a sua alegria não são minhas, assim como as minhas não são suas. Podemos nos preocupar com os outros, ser solidários e ter compaixão sem perder os nossos limites.

Ao longo do processo de parar, principalmente durante a parte da recordação, a identidade é fortalecida. O ato de nos lembrarmos de onde viemos e quem somos reforça os nossos limites. Quando estamos juntos dessa maneira, temos mais chances de construir uma relação harmoniosa e feliz.

O FRUTO DE ABRAÇAR A SUA SOMBRA

Sombra é uma palavra que nos foi legada pelo psicólogo Carl Jung. Ele a chamou de arquétipo, ou um padrão de percepção que todos nós temos na consciência. Refere-se à parte secreta e freqüentemente amedrontadora de nós mesmos, que em geral gostamos de manter oculta e fingir que não existe. O mérito de Jung foi identificar essa sombra como uma força positiva e um caminho para a autocompreensão. Uma sombra oculta pode causar problemas, pois é um inimigo que não conhecemos. No entanto, se olharmos para essa parte escondida de nós mesmos e aprendermos a abraçá-la, aumentaremos a autocompreensão e transformaremos um inimigo num fruto maravilhoso.

O processo de parar nos dá tempo de encontrar e, finalmente, abraçar a sombra. Quando dou uma parada, identifico coisas dentro de mim que normalmente ignoro. As conversas comigo mesmo se passam mais ou menos assim: "Vejo que a minha sombra é na realidade uma déspota invejosa e ciumenta. Não gosto dessa parte de mim, mas sou obrigado a admitir que ela existe. Geralmente os meus sentimentos de inveja ficam sob controle, porém às vezes pulam para fora e me criam problemas. Ou então eu faço e digo coisas que não faria nem diria se pudesse escolher racionalmente. Se eu tomar contato com esse meu eu invejoso e ciumento e tentar descobrir o que ele quer e precisa me dizer, talvez possa transformar essa energia e aproveitá-la positivamente."

Abraçar a sombra é reconhecer que nada é só branco ou preto, e sim um pouco de cada um deles. Quando projetamos a nossa sombra para fora – isto é, quando apontamos a outra pessoa como a única causadora do problema –, nós a estamos negando dentro de nós. A verdade é que não há um "império do mal" nem um grupo, grupos ou indivíduos que sejam a origem do nosso sofrimento e dos males do mundo. Todos nós somos responsáveis. Ao negarmos ou evitarmos a nossa sombra, ela não apenas nos domina de forma perversa como pode causar grande mal – até mesmo a morte – a nós e a outras pessoas.

Encarar a nossa sombra durante o processo de parar pode ser algo assustador. "Quando se vê a sombra claramente pela primeira vez", diz o estudioso junguiano John A. Sanford, "fica-se horrorizado." Alexander Solzhenitsyn, dissidente e romancista russo, afirmou: "Seria bom que houvesse pessoas más em algum lugar cometendo insidiosamente atos vis e que bastasse separá-las do resto de nós e destruí-las. Mas a linha que divide o bem do mal passa pelo coração de todo ser humano."

Parar é um processo através do qual você pode – sobretudo se isso lhe for assustador – ir apertando gradualmente a mão da sua sombra. O importante é reconhecer, em primeiro lugar, o seu desejo de em algum momento abraçar a sua sombra. A partir desse ponto você conseguirá controlar o processo com mais segurança, conduzindo-o no seu próprio ritmo.

O problema principal do que chamamos de "pecado" não é o mal em si, mas a recusa em reconhecê-lo. Tanto o bem quanto o mal estão sempre nos nossos corações. Só quando conseguimos reconhecer isso é que somos capazes de passar da infância para a maturidade, da correria e da fuga para a paz e a justiça.

A sombra também é enganadora. Pode fazer com que uma mentira pareça verdade, uma ficção pareça um fato e uma dúvida pareça uma convicção. Assim, ela é capaz de assumir muitas formas, até mesmo a da inocência. Vamos falar dessa "inocência perigosa e terrível". Inocência terrível é aquela atitude em que, mesmo face a face com o mal, nós o negamos, o evitamos, fingimos que não o estamos notando ou simulamos ignorância, apesar de no fundo dos nossos corações sabermos realmente o que está acontecendo. Ela é perigosa e terrível porque nos faz ficar inertes na presença do mal.

É essa sombra que o ato de parar nos ajuda a curar.

O FRUTO DO PROPÓSITO

Esse maravilhoso fruto do parar nos encoraja a sair de nós mesmos, a escutar o que o universo tem a nos dizer e a descobrir na vida o papel que é só nosso. Podemos entender isso como chamado e vocação. Parar é algo que nos ajuda a clarear e até mesmo a descobrir o nosso propósito, a ouvir o nosso chamado e a encontrar a nossa vocação.

Possuir um propósito é saber que há algo muito além de nós. Isso significa ter consciência de que existem diversos acontecimentos, momentos e realidades nas nossas vidas que não conseguimos identificar imediatamente nem explicar com base no que podemos ver e provar. A sensação de cultivar um propósito dá equilíbrio à nossa condição humana: não apenas tomamos consciência do Divino quando olhamos para dentro de nós mesmos como, nos momentos de parada, também o percebemos no chamado que vem do lado de fora. O fato de vir de fora é o que diferencia e acentua a importância desse fruto do processo de parar.

Ter um propósito é reconhecer que estamos destinados a ser algo que só nós podemos ser. O desafio é fazer o que for necessário para descobrir o que é. James Hillman, um autor perspicaz e controverso, expõe essa idéia afirmando que nós nascemos com um chamado, e o objetivo da vida é descobri-lo. Em vez de olhar para dentro, em busca do nosso potencial interior, ele sugere que olhemos para o chamado que recebemos ao nascer, até mesmo antes de nascer, e que tentemos deixá-lo desabrochar. Perceber o chamado, segundo Hillman, é olhar tanto para o mundo exterior em busca de sinais quanto para o dom com o qual nascemos.

Ele conta uma história sobre a cantora Ella Fitzgerald. Quando jovem, ela participou de um programa de calouros. Foi apresentada assim: "Agora, a Srta. Fitzgerald vai dançar para nós... Espera aí, espera aí. O que é que está havendo, meu bem?... Ah, a Srta. Fitzgerald mudou de idéia. Em vez de dançar, ela vai cantar." E Ella Fitzgerald tirou o primeiro lugar e seguiu cantando pelo resto da vida. Embora pretendesse dançar, algo lhe disse para cantar, e aquele foi o começo de uma longa e bem-sucedida carreira.

Como o fruto do propósito diz respeito às questões mais profundas do chamado e da vocação, ele é descoberto principalmente durante os períodos mais longos, as Escalas de Viagem e as Paradas Gerais.

Todos nós temos um propósito. Ele pode não se revelar de forma tão clara ou precoce como aconteceu com Ella Fitzgerald. Precisamos ficar parados, quietos e despertos o bastante para escutar o chamado, pois não ouvi-lo seria trágico.

IV

Explorando os desafios de parar

Chegamos a um ponto crítico da nossa jornada porque já temos informações suficientes para ver que parar nos pede que façamos algo radical. Parar não é complicado, não é difícil de entender nem de fazer. Mas é radical. Parar não é desacelerar. Parar é parar. É claro que vamos diminuir o ritmo, porém o principal é não fazer nada, cessar toda a atividade e ficar imóvel.

Parar é uma energia radical porque nos leva para baixo, até às raízes da árvore que nós somos, até às fontes da nossa vida. Essas raízes, que, apesar de não serem evidentes, são essenciais, fornecem o equilíbrio necessário para os galhos da vida, mais ativos, externos e aparentes.

Então, se parar é algo tão grandioso e fantástico, se é fácil de realizar e proporciona tantos benefícios, por que todos nós não o fazemos? Porque a sociedade nos manda poderosas mensagens contra o ato de parar, dizendo-nos que faz mal. E também porque a maioria de nós tem medo do que vai descobrir lá embaixo, nas próprias raízes. Como não estamos familiarizados com esse território, queremos, se possível, evitá-lo.

Vivemos num mundo que não encara com simpatia o ato de parar. As vozes da sociedade insistem em nos dizer: "Vá em frente, não pare!" Por isso, se queremos parar, precisamos nos libertar da imposição que essas mensagens, muitas vezes implícitas mas extremamente poderosas, exercem sobre nós. Aqui estão algumas das idéias que se escondem por trás das vozes contrárias a parar:

- O lazer é um luxo a que você não tem direito.
- Os que buscam o prazer acabam no inferno.
- Para progredir, você tem que trabalhar mais horas.
- Siga o exemplo do seu bem-sucedido colega de classe.
- Não fazer nada é igual à preguiça e indolência.
- Quanto mais rápido, melhor.
- Crescer é sempre bom.
- O dinheiro é sempre o objetivo final.
- Mais é sempre melhor do que menos.
- Brincar é coisa de criança.

A lista de mentiras é infindável e se torna muito difícil não acreditarmos nelas. Soam bem, são bem-aceitas. Freqüentemente as ouvimos saindo dos nossos próprios lábios. Quando paramos para pensar nelas, vemos que essas declarações não são verdadeiras. No entanto, isso só acontece quando paramos para refletir; se não paramos, corremos o risco de aceitá-las e deixar que nos dominem.

Há também muitas vozes dizendo que a vida é um negócio muito sério. Mas o que significa sério, exatamente? O dicionário mostra que o seu primeiro e mais importante significado é "o que merece atenção, cuidado". Nesse caso, sim, a vida deve ser séria, pois tem que ser vivida com cuidado e atenção. Porém, não com severidade. A palavra sério, com seus sentidos de "severo, pesado, é proibido se divertir", não se aplica ao ato de parar.

As religiões organizadas podem dar a idéia de que a vida é séria, no sentido de "severa, triste". Basta pensar no tom imperioso dos pronunciamentos do Vaticano, nos Sete Pecados Capitais e nas regras, regulamentos e proibições de muitas religiões. Sem falar no fogo do inferno. Quero ser o primeiro a defender as religiões no seu esforço de nos fazer refletir sobre a maneira como vivemos. Mas também desejo ser o primeiro a falar contra essa atitude infeliz de oprimir as pessoas com normas rigorosas. A vida em si já é difícil o suficiente. Não vamos multiplicar os nossos pecados sem necessidade.

Por isso é tão importante você conseguir parar e passar um tempo consigo mesmo, se possível fazendo algumas Escalas de Viagem e uma ou outra Parada Geral. Só assim será capaz de relativizar as coisas e não se levar tão a sério. G. K. Chesterton, romancista e poeta inglês, traduz essa idéia de uma forma linda: "A razão pela qual os anjos voam é que eles não dão muito peso a si mesmos."

Parar não tem medo de responder com um "Não!" às vozes que afirmam: "É egoísmo gastar tempo com você mesmo", "A vida é, por natureza, severa e triste" ou "Ria das dificuldades dos outros, mas não das suas próprias". É algo que o estimula a descobrir a sua própria voz, as suas prioridades, a sua sabedoria e a sua alegria em vez de seguir as imposições da sociedade.

Costumamos saber exatamente o que é bom para nós e o que, no momento ideal, nós escolheríamos. O nosso problema é aquele sobre o qual São Paulo reclamava em carta a uma comunidade de Roma: "As coisas que eu quero fazer, eu não faço; as que eu quero evitar, essas eu faço." (Rom. 7:17-19.) Parar é uma forma de conseguir que você faça realmente aquilo que deseja.

Por falar em São Paulo, eis um bom exemplo de como é necessário incorporar o ato de parar à sua vida. Paulo era tão apressado, impulsivo e concentrado no trabalho que precisou ser parado. Ele foi literalmente derrubado do cavalo e ficou cego, o que o obrigou a passar um tempo numa Escala de Viagem em Damasco, sem fazer nada, a fim de ficar mais desperto e recordar-se de quem era. Isso lhe parece familiar? Quando ele despertou e se lembrou, a sua visão voltou, ele mudou o rumo da sua vida e transformou o mundo.

— Tenho medo!

Todos os sistemas de sabedoria, religião e filosofia concordam em constatar que o maior desafio das nossas vidas somos nós próprios. Se temos medo? É claro que sim. De novo é um poeta que enxerga o que todos nós precisamos ver.

Escolha um lugar silencioso, respire fundo duas ou três vezes e leia em voz alta o poema "Medo", de Pablo Neruda, que apresento a seguir. Esta leitura com certeza irá desacelerá-lo.

Ficam todos atrás de mim para eu me exercitar,
entrar em forma, jogar futebol,
me apressar, até ir nadar e voar.
Bastante razoável.

Ficam todos atrás de mim para eu me acalmar.
Todos marcam consultas médicas para mim,
olhando-me daquele jeito inquiridor.
O que é isso?

Ficam todos atrás de mim para eu fazer uma viagem,
entrar, partir, não viajar,
morrer e, de forma alternativa, não morrer.
Não importa.

Ficam todos vendo coisas esquisitas
nas minhas entranhas, subitamente chocados
com os radiopavorosos diagramas.
Não concordo com eles.

Ficam todos escarafunchando a minha poesia
com garfos e facas incansáveis,
tentando, sem dúvida, encontrar uma mosca.
Tenho medo.

Eu tenho medo do mundo inteiro,
medo da água fria, medo da morte.
Sou como todos os mortais,
incapaz de ser paciente.

E assim, nestes dias breves e fugazes,
vou tirá-los da cabeça.
Vou me abrir e me encarcerar
com o meu inimigo mais traiçoeiro.

É assim que interpreto esse poema: "Todo mundo está tentando me dar conselhos. 'Faça isso, faça aquilo! Não faça isso, não faça aquilo!' Sei que estou doente, mas ainda estou aqui e ainda estou no comando! De modo que vou ignorar todos vocês e fazer o que é mais importante num momento como este: enfrentar os meus medos e encarar o que sempre foi o meu desafio mais sério – eu mesmo."

Talvez você se pergunte: "Agora que estou parado, nem que seja por um instante, como posso ter certeza de ficar legal e não ter que enfrentar mais do que consigo?" Eu lhe respondo: parar será absolutamente seguro quando os medos não o dominarem mais. Isso não quer dizer que eles vão desaparecer, mas que não irão controlá-lo. E por mais paradoxal que pareça, ao ir ao encontro dos seus medos, você se libertará deles.

Saímos dos nossos medos entrando neles. E isso envolve três processos simples: observar, identificar e contar. Os seus temores diminuirão gradualmente e perderão a força à medida que você for aprendendo esses três processos. Primeiro os observe, depois os identifique e por fim conte a história deles para outra pessoa.

Qual é a primeira coisa que você nota durante o ato de parar? Se você é como eu, perceberá que o seu corpo pode estar parado, mas a sua mente continua correndo. E como corre! A tagarelice interna parece interminável.

Já passou na televisão um anúncio de pilhas com um coelhinho mecânico que nunca parava de marchar, indo sempre em frente, em frente... batendo o seu tambor e querendo transmitir, é claro, que as suas pilhas eram de longa duração. Esse coelhinho é uma boa metáfora para toda a tagarelice interna. Tal como ele, a ruidosa conversa consigo mesmo não pára, quer você a perceba ou não, quer esteja ou não escutando, mesmo que você pareça ou não se importar. O propósito dela é quase sempre funcionar como um disfarce, isto é, como algo que o distraia para que você não preste atenção em outra coisa, como encarar os seus medos.

Portanto, apenas observe. A partir de agora, de tempos em tempos e sempre que se lembrar, fique atento ao que a sua tagarelice interna está dizendo. Aquietá-la é um dos objetivos do parar – compreender isso foi um verdadeiro marco para mim, no entanto é um objetivo que ninguém jamais conseguirá alcançar inteiramente. É uma tarefa desafiadora. Todos os santos, monges e mestres espirituais nos dizem que ainda estão em busca desse objetivo, de modo que temos que ir com calma.

Aqui estão algumas perguntas para você observar e identificar melhor o seu barulho interno: a sua tagarelice tem a forma de palavras e frases? Possui a voz de alguém que você conhece? Acontece mais em certas ocasiões do que em outras? Ela se parece mais com imagens ou cenas de filme que ficam correndo pela sua cabeça? Talvez ela assuma o aspecto de "ciclos de preocupação", em que a mente repassa incessantemente os mesmos pensamentos que só servem para prejudicar a saúde. Qual é o conteúdo da sua tagarelice? Trabalho, família, passado, futuro, relacionamentos ou trivialidades? Apenas a observe e a identifique, mas, por favor, não a julgue.

Observar e identificar significa que você não está atribuindo um juízo de valor ao que aparece. É assim que deve ser com todas as suas experiências durante o processo de parar. Surja o que surgir, a primeira coisa a fazer é deixar que ela se mostre e fique ali. Ao observar e identificar a sua tagarelice interna, ela começa a perder força. Pense no seguinte: quando localizamos um inimigo que está conspirando contra nós, enfraquecemos a sua posição porque ele perde o poder que tinha quando estava escondido, atuando sem ser percebido.

O que você com certeza notará a respeito de observar e identificar é que isso também é um meio de criar uma Pausa Breve. Respire uma ou duas vezes mais profundamente e se concentre em descobrir qual é a natureza da tagarelice interna. Essa pode ser uma boa forma de fazer a maioria das suas Pausas Breves enquanto vai incorporando o processo de parar ao seu cotidiano. O próximo passo será reconhecer os seus medos. Observe-os e identifique-os. Só isso.

Ainda quero dizer o seguinte sobre os medos: não se surpreenda se não encontrar nenhum! A experiência com pessoas em terapia me ensinou que isso acontece muitas vezes. Elas acabam descobrindo que aquilo que mais temem é o próprio medo. Alguns clientes mencionam uma experiência secreta e amedrontadora da sua vida, querendo ver como eu reajo, para verificar se aquilo é algo que devam realmente temer. Quando balanço a cabeça compreensivamente e digo: "É, muita gente tem esse tipo de experiência", ouço um suspiro de alívio e sei que um medo provavelmente sério e traumatizante se transformou numa parte das suas vidas que é possível administrar.

Mas suponhamos que você de fato encontre alguns medos. Como identificá-los? Se você pudesse ler os meus pensamentos quando observei os meus temores antes de abandonar o sacerdócio, teria ouvido algo assim: "Tenho medo de perder os valores que vêm sustentando a minha vida até aqui. Estarei perdendo a minha fé? Tenho medo de romper os meus votos públicos e solenes. O que a minha família e os meus colegas vão pensar de mim? Tenho medo de ser chamado de padre fracassado. Tenho medo de não ser capaz de me sustentar, pois só fui treinado para ser padre. Será que encontrarei alguém com quem poderei construir um relacionamento para toda a vida? Eu me sinto muito por fora nessa área e morro de pavor de ter um encontro amoroso." A lista seria interminável. Durante a minha Parada Geral de um mês, consegui observar e identificar os meus medos. Apenas os deixei vir e notei a sua presença. Eles apareciam espontaneamente porque eu não os estava escondendo. Sabia que eles estavam lá, e eles sabiam que eu sabia.

O segundo passo é nomear os medos. Nomear para mim é qualquer processo em que você fale com ou sobre a sua tagarelice interna e os seus medos ocultos. Às vezes, nomear é dar um nome ao medo (Seu nome é "Medo do Fracasso"!), conversar com a sua tagarelice interna pedindo que fique quieta (Silêncio, por favor!) ou mudar as palavras que você usa para falar sobre os temores (em vez de dizer: "Tenho um gênio terrível e ele me apavora", diga: "Esse meu gênio é uma tremenda energia. Como é que quero usá-la?").

Freqüentemente nomear é personificar os sentimentos, transformá-los em "pessoas", para que você possa interagir com eles: "Oi, Medo da Censura, aí está você de novo! Ah, aqui está o Medo de Não Corresponder às Expectativas, ele é um velho conhecido! Ah, é você, Medo de Acontecer o Pior, pensei que você tivesse sumido de vez!"

Nomear é importante porque lhe dá poder sobre o objeto nomeado. Ao dar nome a um bicho de estimação, a um barco ou principalmente aos seus próprios filhos, você assume uma posição de poder e responsabilidade sobre eles. O mesmo acontecerá com os ruídos e medos internos. Ao fazer isso, você também estará dizendo: "Estes são os *meus* ruídos internos. Eu os reconheço e aceito como os *meus* medos e de mais ninguém." Pense nisto: se eles pertencem a você, como de fato pertencem, então você consegue ter poder sobre eles. Ruídos nomeados e medos encarados são ruídos e medos enfraquecidos. Agora *eles* são seus, não é você que é *deles*.

Quando eu era menino e ficava brincando ruidosamente com um amigo lá em cima no meu quarto, às vezes o meu pai gritava: "Abaixa aí essa matraca!" Aquilo produzia efeito porque nem sempre ele agia assim, por isso chamava a minha atenção, e eu parava imediatamente com o barulho. Por esse motivo é que hoje repito as palavras do meu pai, dizendo: "Abaixa aí essa matraca!" para a minha tagarelice interna incessante.

Assim, usar uma frase ou uma palavra – especialmente uma que tenha significado para você – é algo que provavelmente o ajudará. Concentre-se nela e repita-a baixinho para silenciar o barulho. Se não funcionar, apenas observe.

Um meio eficaz de usar esse recurso durante as paradas é dar nome aos medos que você tem no corpo. Muitas vezes o corpo se lembra do que a mente se esquece. Nesses casos, ele pode segurar os temores e apresentá-los a você através de dor, tensão, machucados, rigidez e pontos doloridos. Quando você sente um desconforto inusitado no estômago, às vezes pensa: "O que será que havia naquele sanduíche de atum que eu comi no almoço?" Para descobrir a causa real, talvez fosse melhor perguntar: "Com quem eu almocei?" ou "Sobre o que conversamos?". Quando a tensão no seu pescoço e nos seus ombros se torna insuportável, talvez não seja resultado da falta de exercícios, mas do medo que você está carregando neles.

Carolyn Myss, uma médica dotada de grande intuição, nos dá um precioso conselho: "Uma das melhores formas de lidar com o medo é mudar o vocabulário. Se resolvo não pensar mais em mim mesma como uma vítima, não usarei o vocabulário de vítima e isso promoverá uma grande mudança na minha vida. Quando a pessoa pára de usar palavras de vítima, fica mais atenta. Isso mudará a sua percepção, com conseqüências diretas para os seus sentimentos e a sua auto-estima."

Esse procedimento funciona como uma profecia. Se, ao me referir a mim mesmo, ainda que internamente eu continuar usando expressões como "medo de não me dar bem", "medo de nunca encontrar o parceiro certo" ou "preciso sempre da aprovação dos outros", é provável que eu continue alimentando os temores.

Há um medo sobre o qual temos que falar aqui: é o medo que quase sempre faz parte de todos os outros medos. O seu nome é Medo da Morte. E mais forte ainda, o seu nome é Medo da Minha Morte. Lembre-se do poema de Neruda, "Medo". O poeta percebe que provavelmente está morrendo e é isso que faz surgir o medo. Lembre-se também do que ele faz com esse sentimento: convive com ele e o acolhe. O fato de todos nós estarmos em processo de morte não precisa ser triste ou deprimente. Na verdade, aceitar essa realidade pode se tornar algo maravilhosamente libertador.

Um alívio revelador

Fico me perguntando como é que aqueles que
não escrevem, não compõem nem pintam
conseguem escapar do medo, que é
inerente à condição humana.

Graham Greene

Talvez a coisa mais importante e eficaz que podemos fazer em relação aos nossos medos seja compartilhá-los. É isso que quero dizer quando falo em contar: revelar a alguém os nossos temores. Essa é uma atitude que alivia. E quanto mais secreto e escondido o medo, maior a eficácia da revelação e mais profundo o alívio que ela proporciona. Na realidade, essa é uma das maneiras de compreendermos o processo da psicoterapia: uma pessoa revelando, confiando e partilhando a sua vida com outra.

Foi com a minha irmã mais velha que aprendi o poder de compartilhar o medo. Eu tinha cerca de oito anos e estava começando a ouvir e a usar a linguagem proibida dos adultos (pecaminosa, suja e blasfema), o que me fazia sentir um grande medo e muita culpa. Numa noite de verão, a minha irmã me perguntou casualmente se eu já dissera algo horrível, como "Que bosta!". Ainda posso sentir o enrubescimento no meu rosto de criança ao ouvir aquela pergunta que me encheu de culpa. Eu respondi "Já", talvez por perceber a boa vontade dela e ficar mais seguro. Lembro-me claramente do que ela disse: "Ah, tudo bem, não se preocupe, às vezes eu também faço isso." Foi um daqueles momentos de surpresa e descoberta. Ao compartilhar o meu medo culpado, eu o perdi. Pensei: "Se a minha irmã é tão boa e também diz essa palavra, é porque isso não é tão ruim assim." E imediatamente depois: "Eu sou como todo mundo." Que alívio enorme eu senti! Nesse dia comecei a me aceitar melhor.

A quem você pode revelar os seus medos? Essa não é uma pergunta fácil e as respostas serão diferentes para cada um de nós. Na maior parte das vezes, é um amigo com quem você pode abrir completamente o seu coração. Antes de compartilhar os seus temores com outra pessoa, é como se você estivesse sozinho em casa e ouvisse alguém mexendo na porta da frente. O apoio que um amigo lhe dá é como uma voz familiar à porta: "Não tenha medo. Sou eu, abra." Que afirmação reconfortante! O temor se transforma imediatamente em conexão. Que maravilha é poder revelar para alguém o fardo que carrega. O peso é aliviado e o medo se dissipa.

O medo pode ser contado de muitas maneiras, não apenas para outra pessoa como também para o mundo. No decurso da história humana, os temores sempre motivaram grandes expressões artísticas e científicas. Como o romancista Graham Greene nos lembra na epígrafe que abre esta seção, o medo motiva os artistas a falarem ao mundo sobre as suas percepções mais profundas. Será esse um modo de você expressar o seu medo? De que forma ele pode levá-lo a se manifestar artisticamente, revelando para todos nós as suas percepções?

O PENSAMENTO IMPENSÁVEL DO MÉDICO

A coisa mais aterrorizante é
se aceitar completamente.
Carl Jung

Na sua autobiografia *Memórias, sonhos e reflexões*, Carl Jung, um dos mais eminentes médicos e psicólogos do século XX, conta uma história da época em que tinha cerca de 12 anos de idade. É uma narrativa que fala de superar o medo entrando nele, observando-o, identificando-o, dando-lhe um nome e revelando-o:

"Num belo dia de verão... saí do colégio ao meio-dia e fui para a praça da catedral. O céu estava incrivelmente azul, o dia era de uma claridade radiante. O telhado da catedral brilhava, com o sol faiscando nas novas telhas reluzentes. Arrebatado pela beleza daquela imagem, eu pensava: 'O mundo é lindo, a igreja é linda, Deus fez tudo isso e está sentado lá em cima, longe, num trono dourado no céu azul e...', nesse momento surgiu um grande buraco nos meus pensamentos e eu me senti sufocado. Fiquei paralisado, repetindo para mim mesmo: 'Não continue a pensar! Alguma coisa terrível está vindo, algo em que eu não quero pensar, algo de que nem ouso me aproximar... porque isso seria cometer o mais pavoroso dos pecados.'"

Jung, filho de um clérigo, descreve então tudo o que fez para afastar aquela visão e não ceder a ela. Conta que teve muito medo de que, se deixasse o pensamento se aproximar, estaria mergulhando diretamente no inferno. Depois de passar por uma profunda ansiedade, sentindo-se completamente sozinho na sua sofrida angústia, ele finalmente conseguiu resolver o conflito.

"Deus também deseja que eu mostre coragem. E se é assim... ele me concederá Sua graça... Reuni toda a minha coragem, como se estivesse prestes a mergulhar no fogo do inferno, e deixei o pensamento se aproximar. Vi à minha frente a catedral, o céu azul. Deus sentado no Seu trono dourado, muito acima do mundo. De repente, da parte de baixo do trono sai um cocô enorme que cai sobre o novo telhado brilhante, estilhaça-o e deixa em pedaços as paredes da catedral. Então era isso! Senti um alívio enorme, indescritível."

É claro que muita coisa poderia ser dita sobre o significado dessa imagem. O que importa para nós, contudo, é que Jung superou o seu medo entrando nele e deixando-o vir. Ele diz: "Por que Deus maculou a Sua catedral? Para mim, esse era um pensamento terrível." Mas foi também um pensamento importante, um elemento-chave no desenvolvimento dos seus ensinamentos sobre o arquétipo da sombra, que é fundamental para a visão que muitos têm da natureza humana. Essa história demonstra de maneira bem clara os três passos para lidarmos com os desafios do processo de parar. Observar: alguma coisa está vindo aí... Algo em que não quero pensar. Identificar para dar um nome: então era isso!

Contando a Deus

Rezar pode nos ajudar a encontrar a coragem necessária para lidar com os medos. Lembro-me da conversa que tive com uma mulher há alguns anos, quando eu ainda era padre. Ela estava doente e temia o que poderia lhe acontecer. Falávamos sobre isso quando ela mudou de assunto um tanto abruptamente, dizendo:

– Padre, faz tempo que estou preocupada porque acho que não

sei rezar muito bem. – Conversamos a respeito disso por uns instantes, e então perguntei:

– Como é que você reza?

– Eu me sento na frente de Deus e ficamos olhando um para o outro. É só isso que tenho vontade de fazer.

Aquela mulher era contemplativa, embora não tivesse a menor idéia disso. Ela revelava a Deus todos os seus medos simplesmente estando receptiva à presença Dele. Rezar pode ser apenas se pôr em contato com Deus. Isso é capaz de diminuir os medos.

Atualmente está sendo publicada uma enxurrada de artigos e estudos, alguns provenientes de fontes médico-científicas, que dizem que os pacientes que rezam ou que têm médicos que rezam com eles ou por eles curam-se mais rápido e completamente. O que os cientistas descobriram os santos e os fiéis já sabem há muito tempo: rezar é algo que atua nos temores da alma e até mesmo no corpo.

Rezar é muito mais simples e imensamente mais amplo do que é freqüentemente admitido pelas religiões. Em geral as pessoas complicam demais o ato de rezar. Há muitas outras descrições: falar com Deus, comunicar-se com o Divino, conversar com Deus, conectar-se ao Seu poder superior ou estar aberto e receptivo a Ele. Mahatma Gandhi disse: "Rezar não é pedir, rezar é um anseio da alma." Seja qual for o nome com que você se refere ao Divino, um tempo passado na Sua presença cura e diminui os temores. Rezar é uma atitude do coração, e esse ato é mais intensamente cultivado durante os momentos de parada.

Aldous Huxley escreveu: "Apreendemos (Deus)... no espaço que separa os traços salientes de um quadro... nas pausas e nos intervalos entre as notas de música." A sua declaração encaixa perfeitamente o ato de rezar na idéia fundamental do parar: encontramos as partes mais importantes da vida nos intervalos entre as notas. Deus está ali, assim como está nos espaços da sua vida.

Às vezes observar, nomear, contar e rezar não é suficiente e você precisa de ajuda. Se necessitar de apoio para enfrentar os seus medos, vou lhe dar algumas sugestões sobre terapia.

Primeiro, não é necessário que a terapia dure muito tempo. Talvez o que hoje em dia se chama "terapia rápida" (de três a quinze semanas, uma vez por semana) seja tudo de que você precisa. A terapia pode apressar a cura, contribuindo para o seu crescimento e para a solução dos seus problemas.

Segundo, você pode obter ajuda competente a preços razoáveis. Já existem clínicas que fazem atendimento a um custo mais baixo. Os departamentos de psicologia de algumas universidades também são alternativas interessantes.

Terceiro, se você freqüentar uma igreja e houver nela uma pessoa em quem confie, peça a sua ajuda. Fique bem atento para o seguinte: não pode ser alguém que o julgue ou diga o que você tem que fazer. A função do conselheiro é ouvir com abertura e empatia, tentando descobrir com você qual o caminho para a solução do problema. Não é necessário que seja um terapeuta profissional, mas alguém com experiência e sabedoria a quem você pode procurar regularmente em busca de encorajamento, conselho ou somente para ser ouvido com afeto e inteligência.

Quarto, a maior parte das terapias não se dirige a pessoas com distúrbios profundos, e sim a pessoas como você e eu, em momentos de crise, para ajudar-nos a superar as dificuldades. Por isso, não se sinta envergonhado de procurar esse tipo de apoio.

Quinto, pesquise. Se, por alguma razão, você não estiver se sentindo bem com o seu terapeuta, tenha coragem de procurar outro de que você goste.

Por fim, veja uma resposta à pergunta freqüente: "Como vou saber que chegou o momento de fazer terapia?" É hora de procurar terapia quando você sente que não consegue mais avançar ao lidar com os seus medos – quando percebe que está realmente empacado.

Agora, deixe-me antecipar algumas das prováveis objeções a parar que podem estar passando pela sua cabeça.

Objeção: "Quando eu parar, vai aparecer a mesma coisa, aquela velha dor (raiva, culpa ou medo) que eu conheço e detesto. Por que é que vou querer pensar nisso?"

Resposta: Pode ter certeza de que, quanto mais você tomar contato com o sentimento que está dentro de você, menos força ele terá para fazê-lo sofrer. A razão pela qual ele continua a surgir é que nunca foi enfrentado para valer ou jamais foi encarado completamente. Quando você mantém a porta trancada contra o lobo mau, ele fica do lado de fora, rugindo e fazendo você lembrar constantemente que ele está ali? Será que, de certa forma, você gosta da presença dele? Abra a porta, convide o lobo mau a entrar, dê-lhe um nome, acabe com isso logo e vá em frente!

Há outra idéia que devemos ter em mente como resposta a essa objeção: a negação criativa. A negação saudável difere da negação nociva porque ela não é realmente uma negação: é uma abstenção temporária. Podemos ver isso claramente no comportamento de alguns doentes terminais. "Esta tarde não tenho câncer. Não quero que ninguém fale nada sobre isso", disse a menina de 12 anos para a sua família ao sair do hospital para passar uma tarde no zoológico. Esse é um exemplo de negação criativa que, por ser usada temporariamente para diminuir a intensidade de uma realidade dolorosa ou mesmo fugir momentaneamente dela, é saudável.

Objeção: "Já tentei várias coisas parecidas com a meditação antes. Para falar com franqueza, fico profundamente entediado."

Resposta: Comece com as Pausas Breves. Elas são tão curtas que é impossível ficar entediado. Mas quero que você pense numa coisa: muitas vezes o tédio é um disfarce. Por isso, como devemos fazer com qualquer sentimento, comece observando-o. Mantenha-o por um tempo. Depois lhe dê um nome: "chato", "desesperado", "irritante" ou "que dá sono". Concentre-se no tédio em vez de deixar que ele o domine. Personifique-o. "O que é que você quer comigo, Tédio? Do que é que você está me afastando?"

Objeção: "Como filho de mãe alcoólatra, eu me sentia inseguro e ficava sempre vigilante, à espreita do perigo. A minha tendência natural é dar atenção ao que está fora, a outras pessoas, e não ao que está dentro de mim mesmo. Fechar os olhos e prestar atenção em mim são coisas que me assustam muito."

Resposta: Você pode ficar com os olhos abertos. Fechá-los não é essencial para parar. Se isso ajudar, fixe o olhar em algum ponto do chão, da parede ou de algum objeto. Tente fixar sem olhar nem ver nada. Comece com rápidas Pausas Breves e inclua nelas uma mensagem de auto-incentivo, um lembrete de que, nesse momento e lugar, confia na segurança que deve existir em você. Recomendo que inicie os períodos mais longos de parada concentrando-se nos frutos da abertura e do propósito e observando a vida nas suas formas externas mais agradáveis: ao ar livre, escutando e recebendo. Depois, e gradualmente, desloque o foco para dentro de si.

Objeção: "Parar é uma grande idéia num mundo ideal. Mas o mundo não é ideal, e o fato é que há coisas mais importantes para fazer do que o que você descreve como parar. Pode ser até benéfico, porém me parece algo frívolo."

Resposta: É óbvio que parar desafia o padrão fortemente enraizado na nossa cultura e conseqüentemente em nós mesmos: o dinamismo, a pressa, o trabalho excessivo, a ginástica vigorosa, o olhar sempre voltado para frente. O que eu recomendo nesse caso são as Pausas Breves: tirar alguns minutos ou segundos por dia de cada vez para não ter a sensação de estar desperdiçando tempo. Entretanto, desconfio de que, quando você diz que parar é algo frívolo, talvez esteja usando esse argumento para esconder o medo ou a dificuldade de olhar para a sua própria vida interior. Então insisto: se isso não é algo fácil para você, comece bem devagar, com apenas algumas Pausas Breves diariamente durante alguns meses.

Objeção: "Tenho medo de que, se eu realmente parar, como numa Escala de Viagem ou numa Parada Geral, nunca mais consiga voltar ao ritmo rápido exigido pela minha profissão."

Resposta: Sugiro-lhe que avalie se essa afirmação não se deve mais a uma sensação do que a um fato concreto. Da maneira como é formulada, ela revela um grande cansaço. As pessoas correm sempre o risco de interpretar o sentimento momentâneo, decorrente de alguma situação especial, como um fato permanente. Provavelmente você já fez algo parecido com uma Escala de Viagem em algum momento da sua vida atarefada – e mesmo assim sobreviveu. Além disso, não é obrigatório passar para as Escalas de Viagem e Paradas Gerais, a não ser que você queira. Para muitas pessoas, as Pausas Breves serão suficientes. Comece por elas.

Objeção: "Quando faço algo, tenho que fazê-lo inteiramente, do início ao fim. O mesmo acontece com parar. A minha tendência é começar imediatamente com uma Parada Geral de três meses. Fazer o máximo, o melhor."

Resposta: Essa objeção, que chamo de "Tudo ou Nada", em geral é feita por pessoas que vão fundo nas coisas, que encaram a vida com grande energia e entusiasmo. No entanto é importante saber que parar não vai num crescendo qualitativo, o que significa que as Pequenas Pausas não são inferiores às Escalas de Viagem e que a Parada Geral é superior às outras. Cada indivíduo optará pela forma que lhe for mais conveniente. Você vai escolher o modo de fazer a sua parada de acordo com o seu temperamento, as suas necessidades, o tempo disponível e as demais variáveis do momento. Mais uma vez, comece com as Pausas Breves.

Objeção: "Eu quero fazer Pausas Breves; levanto todo dia com a intenção de fazê-las, mas esqueço."

Resposta: Use artifícios que o ajudem a fazer uma Pausa Breve. Por exemplo, toda vez que o telefone tocar, faça uma Pausa Breve antes de atender. Sempre que deixar a sua mesa de trabalho, faça uma Pausa Breve. Repita isso quando for ao banheiro, beber água, usar a copiadora ou abrir uma correspondência. Você pode colocar um lembrete para uma Pausa Breve no seu protetor de tela ou sobre a sua mesa. Ensine esse recurso aos colegas de trabalho e a membros da família: o exemplo de uns estimulará os outros. Quando entrar no carro, antes de dar a partida ou antes de sair dali, reserve um instante para uma Pausa Breve.

Espero que as respostas a essas objeções acentuem a importância que as Pausas Breves têm no processo de parar. Elas são a chave, o corpo e a alma do parar. Suavemente, à medida que as for fazendo, esses momentos preciosos lhe trarão os frutos do parar. Também o convencerão, aos poucos, do valor das Escalas de Viagem e das Paradas Gerais, levando-o a desejar utilizá-las na sua vida.

V

Descobrindo a sua maneira de parar

Dia comum, deixe-me perceber o tesouro que você é.
Deixe-me aprender com você, amá-lo,
abençoá-lo, antes da sua partida.
Mary Jean Iron

Como será o ato de parar na sua vida? O que o ajudará a integrar as três formas de parar, adaptando-as a você, descobrindo como, quando e onde prefere fazer isso? Esta última parte do livro o auxiliará a saber como o ato de parar pode se encaixar na sua rotina diária, mensal e anual.

Trata-se de um ponto crucial porque, se você não parar de verdade, esse processo não será capaz de auxiliá-lo. A escolha é sua: continuar sobrecarregado pelo ritmo frenético e pelo problema do *demais*, sem saber o que é realmente importante para você, convencido de que não dispõe de tempo nem para uma Pausa Breve de trinta segundos, ou passar a ter uma qualidade nova e melhor de vida que propiciará paz e calma ao seu cotidiano atarefado.

Na intenção de reservar o melhor para o fim, aqui está um poema que tem parar no título: "Parando num bosque num fim de tarde com neve", de Robert Frost. Leia-o lentamente em voz alta.

Acho que sei de quem é esse bosque.
Mas a casa do dono fica na cidade;
Ele não vai me ver parado aqui
Observando o seu bosque cheio de neve.

O meu pequeno cavalo deve achar esquisito
Parar sem uma casa de fazenda por perto,
Entre o bosque e o lago congelado
No fim de tarde mais escuro do ano.

Ele sacode os guizos do arreio
Para perguntar se não há um engano.
O único outro som é o sopro
Do vento tranqüilo e do floco macio.

O bosque é adorável, escuro e profundo.
Mas eu tenho promessas a cumprir,
E quilômetros a percorrer antes de dormir,
E quilômetros a percorrer antes de dormir.

Que maravilhoso exemplo de parar! O poeta não faz nada, simplesmente pára e observa o bosque cheio de neve. Mas ele está desperto e atento ao que o rodeia, ao seu isolamento no bosque e à ausência do proprietário. E apenas fica em silêncio contemplando a neve que cai. Ouve os guizos e os interpreta como um questionamento por parte do cavalo. Sente o bosque e o nomeia: adorável, escuro e profundo.

Depois ele se lembra: tenho promessas a cumprir e quilômetros a percorrer antes de dormir. Isso é uma parte importante de quem ele é, alguém com compromissos e quilômetros pela frente. E nesse ponto, podemos imaginar, retoma o movimento em direção ao seu destino após ter parado para observar, recuperado do cansaço por aquela parada.

Todos nós precisamos descobrir o nosso caminho próprio e único – os modos, tempos, lugares, lembretes, ocasiões e oportunidades – rumo ao que eu chamo de "Bosque de Parada". Quando chegarmos lá, ficaremos somente observando o que está acontecendo: o barulho do vento nas árvores, o sol que se põe, a relva que cresce ou apenas o que há do lado de fora da janela. Pense um pouco: o que poderá levá-lo aos curtos momentos de Pausas Breves, aos períodos maiores de Escalas de Viagem e à extensão maior, ocasional, de uma Parada Geral?

Permissão concedida para simplesmente ser

Se você é o que você faz,
quando não faz você não é.
Citado por William J. Byron, S. J.

Impregnados como somos por uma rigorosa ética do trabalho, uma atitude severa em relação à religião e uma crença geral no progresso, é compreensível que ainda nos sintamos de certa forma culpados ou errados quando não fazemos nada. A fim de incorporarmos o ato de parar às nossas vidas, muitas vezes necessitamos de permissão. Assim, se você quiser e me der autoridade para isso, eu agora lhe concedo permissão para não fazer nada. Aqui estão algumas vozes que me apóiam:

"Precisamos contemplar as nossas vidas antes de rir ou chorar. Estamos morrendo por isso, literalmente morrendo por isso", disse o poeta William Carlos Williams em 1960, pouco antes de morrer. A poetisa Maya Angelou tem as seguintes palavras para conceder-lhe a permissão de parar: "Todos nós precisamos nos distanciar das preocupações que não se afastam de nós. Precisamos passar horas perambulando sem rumo ou sentados num banco de parque observando o mundo misterioso das formigas e a cobertura das copas das árvores."

Repare que os dois poetas usam o verbo precisar. Não se trata de uma opção. Por favor, tome nota: eu e eles damos a você permissão para parar. Será que você é capaz de concedê-la a si mesmo de forma tão espontânea e alegre? Essa é a verdadeira questão.

Na tradição judaico-cristã, Deus estipulou o sábado como dia de descanso. Mas o sábado e o domingo ficaram tão atribulados quanto qualquer segunda-feira. Jesus, que freqüentemente passava períodos isolado, permaneceu quarenta dias e quarenta noites sozinho no deserto. Uma vez chegou até a advertir Marta, que corria de um lado para outro fazendo coisas, dizendo que a sua irmã Maria, que permanecia sentada em silêncio, tinha "escolhido a melhor parte".

São Francisco sempre saía sozinho para momentos de contemplação e para falar com os animais. Buda alcançou a iluminação quando estava em contemplação, sentado tranqüilamente debaixo de uma árvore sem fazer nada. De fato, todas as tradições religiosas não apenas concedem permissão para o que eu chamo de parar como estimulam enfaticamente essa atitude e a apontam como algo necessário para qualquer vida mais plena.

A citação de William Byron na abertura desta seção mostra o perigo que todos nós corremos de nos tornarmos um "fazer humano": se alguém se identifica exageradamente com a sua profissão, acaba perdendo a noção de quem é quando não está se dedicando a esse trabalho específico. A pessoa pára de ser e se perde. Por outro lado, se ela o cumpre como algo que, embora importante, é apenas uma atividade, fica livre para continuar a ser quem sempre foi e continuará a ser, mesmo que mude de profissão.

Portanto, por favor, conceda freqüentemente a si mesmo a permissão para não fazer nada e dar uma parada. É um gesto que lhe permitirá ser quem você é e quer se tornar, para depois poder fazer aquilo que escolher.

A TRILHA PARA O SEU BOSQUE DE PARADA

A minha alma não consegue encontrar
uma escada para o céu que não seja
através da beleza do mundo.
Michelangelo

Para descobrir mais respostas sobre como incorporar naturalmente parar na sua vida, siga comigo pela trilha através da "beleza do mundo", até o seu Bosque de Parada. Nele, parar se tornará uma coisa tão fácil e prazerosa que você não terá dificuldade de realizá-la. Vá pegando tudo aquilo que possa ajudá-lo a criar as suas próprias paradas. Faça uma lista criteriosa das coisas que atraem a sua atenção ou que lhe dão prazer.

Ler

Quais são as leituras que o ajudam a parar ou que o levam a refletir sobre os seus valores? Todas as tradições espirituais importantes têm os seus escritos sagrados: a Torá, o Antigo e o Novo Testamento, o Alcorão, o Upanixade, o Bhagavad Gita e outros. Você escolheria um desses ou parte de um desses? Livros com pensamentos ou aforismos tornaram-se populares nos últimos anos. São companheiros perfeitos para o ato de parar. Abra um deles ao acaso e leia o que está ali como se fosse o seu pensamento para aquele dia. A expressão latina *lectio divina*, literalmente "leitura divina", refere-se a qualquer leitura que aprofunde a sua vida espiritual, a sua ligação com o Divino ou a sua vida de significados e valores. Quais são as leituras que lhe fazem bem, as suas *lectio divina?* Cada pessoa tem a sua, não existe receita pronta.

Escrever

Manter uma correspondência regular com um amigo pode ser uma ajuda maravilhosa para o processo de parar porque você tem que fazer pausas regulares no processo para pensar no que quer dizer e na forma de fazê-lo. Os faxes e e-mails estão substituindo as cartas. Afinal, as nossas paradas são à velocidade da luz, e esses meios de comunicação são rápidos. Mas lembre-se: só porque são velozes, não precisamos usá-los de modo irrefletido ou apressado.

Em vez de ler um poema, você talvez prefira passar uma Escala de Viagem escrevendo um poema. Por que não fazer um livro com as suas próprias poesias? Os diários são um maravilhoso meio de registrar os significados e valores da sua vida, tornando-se os companheiros perfeitos do processo de parar, especialmente nos seus períodos mais longos. Talvez você queira apenas reunir as suas próprias frases e epígrafes favoritas e mantê-las num lugar especial.

Beleza visual

"Sem beleza há pouca alegria e menos humor", diz James Hillman. A isso eu acrescentarei: sem beleza, a espiritualidade fica empobrecida. Como é que você pode reunir beleza em torno de si? Não se limite às sugestões apresentadas neste capítulo. Há quadros bonitos na sua casa e no seu local de trabalho? O preço não é desculpa, pois existem lindas reproduções que não custam caro. Com que freqüência você vai a um museu de arte, a uma bela igreja ou a um prédio que seja uma jóia arquitetônica na sua cidade? Você sabe de onde consegue ver um magnífico pôr-do-sol ou nascer da lua? Procura andar na natureza observando os seus requintes?

A beleza nas suas mais variadas formas é essencial no seu cotidiano para que você tenha uma vida equilibrada e é a porta de entrada para o ato de parar. O que é belo para você? Acrescente-o à sua vida. Quais são as cores de que você gosta, as que lhe fazem bem? Procura tê-las à sua volta? Que maneira melhor de levantar o seu ânimo do que pintar o seu quarto! Pendure uma fotografia ou um quadro perto do computador e deixe que esse lembrete visual o conduza a momentos de parada.

Tocar

Apertos de mão, tapinhas afetuosos nas costas, abraços; todos esses gestos podem ser de pausa e, se ficarmos atentos, cada um deles pode se tornar uma Pausa Breve. Aqui está uma sugestão: transforme cada abraço numa Pausa Breve. Respire, observe onde está e o que é importante para você.

A textura do tecido na palma da mão, o gosto e a consistência da comida na sua boca, um perfume adocicado ou mais seco – qualquer contato sensorial pode sugerir complexidade, simplicidade, envolvimento ou afastamento. Ao tocar um xale de seda macia, a sua mensagem de Pausa Breve poderia ser: "Que os desafios do meu dia se revelem tão macios quanto esta seda."

O momento da refeição pode ser uma ocasião de plácido reconhecimento da nossa necessidade de nutrir-nos e da nossa gratidão por termos o alimento. O início de uma refeição é uma hora especialmente boa para fazermos uma pausa e darmos graças. Ao comer com outras pessoas, procure convocar todos os presentes para um momento de prece, pausa ou reflexão – que tal uma Pausa Breve compartilhada?

Freqüentemente comemos em lanchonetes, onde o ritmo do sistema fast-food pode nos impedir de observar e recordar. No entanto, se você não tiver outra opção, lembre-se de realizar uma "Pausa Breve de lanchonete". Fazer uma refeição rápida não é necessariamente ruim. Creio que podemos nos alimentar de maneira saudável em dez ou quinze minutos, desde que façamos isso com atenção e de forma relaxada.

A sexualidade pode se expressar não apenas quando fazemos amor, mas em todos os instantes da vida. É sempre possível experimentá-la através dos sentidos. Basta usá-los com a intenção de expressar sexualidade. A energia erótica tem feito e continuará a fazer maravilhas pela humanidade e pode proporcionar momentos encantadores e deliciosos de devaneio: Pausas Breves cheias de paixão. Afirmo isso convictamente, com base na minha experiência como ser humano e terapeuta.

Sons e perfumes

Concordo com Nietzsche, que disse: "A vida seria um erro sem música." E também com Aldous Huxley, que afirmou: "Depois do silêncio, o que melhor expressa o inexprimível é a música." Não posso imaginar a vida sem ela. E você? O som de determinada voz que canta: isso o conduz a um momento de parada? E que tal os sons do oceano, do vento nas árvores, dos grilos e dos pássaros, o apito longínquo de um trem?

A aromaterapia, embora popular hoje em dia, certamente não representa nada de novo. Os seres humanos, assim como os animais, sempre usaram o olfato para se atraírem. Quais são os seus perfumes favoritos? Que aromas o estimularão a parar? Uma fragrância pode ser uma poderosa lembrança do passado, evocando emoções e memórias que concedem tranqüilos momentos de devaneio.

Sacramentais

Uma das qualidades que aprecio na religião católica é o seu princípio da sacramentalidade, ou, como o define o teólogo Richard McBrien, "a noção de que toda realidade, tanto animada quanto inanimada, é potencialmente ou de fato portadora da presença de Deus". Assim, o alimento, as árvores, o Sol, a Lua, as estrelas – ou sapatinhos de bebê e pedras preciosas, entre outras coisas que podemos provar, tocar ou cheirar – são capazes de nos colocar em contato com o Divino. Outras tradições religiosas pregam esse mesmo princípio.

Os sacramentais são também objetos materiais pessoais que simbolizam algo de grande valor ou significado espiritual para nós. O relógio do seu avô ou o anel da sua mãe. Qualquer coisa que na verdade tenha um valor afetivo ou moral. Toda vez que a vir ou tocá-la, faça uma Pausa Breve. Os talismãs e amuletos são tipos de sacramentais que podemos segurar para nos lembrar do que representam.

Rituais

Há os rituais familiares comuns (festas de aniversário, celebrações de casamento, sessões de histórias na hora de ir para a cama e beijos de boa-noite), bem como os rituais religiosos (batismo, bar mitzvah, etc.), além das muitas formas de oração. Todas essas coisas podem ser expressões de parar, porque nos proporcionam um momento de placidez e fazem-nos lembrar de quem somos, despertando-nos para o presente.

Mas que tal criar rituais para momentos mais comuns? Procure estabelecer rituais para fazer exercício físico, comer, dormir, tirar férias, para as manhãs de domingo ou para o dia em que tomou uma decisão que mudou a sua vida. Não precisa ser nada complicado: talvez parar e tomar consciência do que está acontecendo, fazer uma prece, uma rápida visita a um lugar ou acender uma vela. No jantar, fale para os seus companheiros de refeição sobre o que está sendo celebrado e convide-os para um momento de reflexão silenciosa, fazendo-os viver uma Pausa Breve juntos.

Quando você estiver comendo sozinho, é especialmente gratificante recordar um evento ou uma pessoa significativa e ritualizar a ocasião, seja fazendo um brinde discreto com o seu copo de refrigerante, seja convidando a pessoa a juntar-se a você em espírito nesse momento.

Espaços e lugares

Montanhas? Mar? O que é que o atrai? Onde é que você se sente mais em casa e mais você? A que lugares da natureza você vai quando precisa de consolo e aceitação? Para muitas pessoas, os locais sagrados são aqueles construídos pelo homem, como museus e igrejas.

Animais

Se você tem um animal de estimação, tocá-lo, brincar com ele ou observá-lo pode ser a maneira mais concreta e agradável de incorporar Pausas Breves ao seu cotidiano. Toda vez que você se relacionar com o seu bicho, respire fundo, tomando consciência do momento e trazendo à mente aquilo de que você precisa se lembrar. Os animais podem também servir como símbolos de virtudes ou qualidades específicas que queremos incorporar às nossas vidas: a coragem do leão, a lealdade do cão ou a liberdade do pássaro. Assim, a visão do animal e da sua representação pode nos estimular a fazer uma Pausa Breve e trazer a lembrança da qualidade que desejamos imitar.

Estações do ano, o tempo e os movimentos da Terra

O inverno, a primavera, o verão, o outono, a chuva, o sol, o vento, o nevoeiro, o granizo, a névoa, os dias santificados, as estações litúrgicas, os aniversários de família – tudo isso e muito mais pode ser ocasião para uma Pausa Breve e às vezes também para uma Escala de Viagem. Tente fazer uma lista das coisas que lhe despertam um interesse especial e não se importe se parecerem esquisitas.

Parando enquanto você vai daqui para ali

A parada acontece com mais facilidade durante a transição de um evento para outro ou de um lugar para outro. Identificar a sua transição mais comum é um passo importante para incorporar o ato de parar à sua vida.

Suponho que essa transição seja o deslocamento diário entre a casa e o trabalho. Parar pode transformar esse tempo de horror numa coisa celestial. Se você vai e volta dirigindo, provavelmente está pensando: "Como é possível aguardar com alegria aquele trânsito horrível, com o calor que está fazendo, depois de um dia em que quase tudo deu errado?" Mas é possível praticar as Pausas Breves enquanto você está ao volante. E acredite: elas farão com que se sinta melhor.

Respire conscientemente cada vez que chegar a um sinal vermelho, a uma placa de pare ou quando alguém lhe der uma fechada. Selecione uma música repousante, escolha a mensagem da Pausa Breve que você necessita ouvir, coloque esse tempo nas mãos de Deus, procure usar um vocabulário positivo quando estiver falando e pensando nesse trajeto e, por último, opte por encarar esse tempo não como algo horrível a ser aturado, e sim como um espaço valioso e estimulante, a sua pausa poderosa e o seu repouso entre as notas.

Trens, ônibus, aviões e barcos são todos lugares ideais para Pausas Breves, com a vantagem de podermos deixar a direção a cargo de outras pessoas, tornando as Pausas Breves mais completas e eficazes.

Quais são outros momentos de transição na sua vida? Cada dia é cheio deles: o tempo de transição vai *de* uma coisa, lugar ou tempo qualquer *para* outra coisa, lugar ou tempo. Portanto, sempre que você pensar que não vai conseguir parar, lembre-se das transições.

Parando em movimento

E que tal parar correndo? Isso parece mais difícil, pelo menos para mim, porém talvez não seja para você. Malhar numa academia ou em casa aparentemente pertence a essa mesma categoria de velocidade. Há muito exercício físico e concentração envolvidos. Creio que as atividades com alto dispêndio de energia podem ser iniciadas com uma Pausa Breve, ter outra no meio e terminar com uma terceira, transformando a experiência do exercício em algo além de desenvolvimento físico. Mas isso é, naturalmente, uma questão de preferência.

Há outra maneira interessante de nos movimentarmos e pararmos ao mesmo tempo: andar de forma compassada. Isso quer dizer caminhar devagar num percurso predeterminado e repetitivo enquanto mentalmente nos concentramos em outra coisa. Os budistas chamam essas caminhadas de meditação andando.

Escolha um percurso seguro, previsível e que você possa repetir dentro de casa ou ao ar livre. Ande de lá para cá no seu quarto ou escritório, em círculos no quintal, num parque ou em qualquer outro lugar, mesmo que não seja grande. Em vez de fechar os olhos, pode baixá-los para o chão. Esse movimento parece acalmar a ansiedade; e como o percurso é seguro e previsível, você mantém a calma interior inalterada: uma Pausa Breve.

Os jovens, os velhos e os violentos

Viver é algo tão espantoso que sobra pouco tempo
para qualquer outra coisa.
Emily Dickinson

Há três grupos de pessoas para as quais parar oferece desafios especiais: os jovens, os velhos e os violentos.

Crianças e adolescentes

Se você tem alguma experiência com adolescentes, sabe que muitas vezes eles ficam desligados e distraídos. Embora isso nos pareça desconcertante, é uma parte normal e importante do seu desenvolvimento. Como estamos habituados a considerar essa atitude uma característica imatura da adolescência, desvalorizamos as nossas próprias formas de desligamento, acreditando que são excessivamente juvenis. E é evidente a capacidade que as crianças pequenas têm de parar – basta observarmos uma delas brincando sozinha para aprendermos.

Acima de tudo, nós adultos podemos ser úteis criando tempos, lugares e oportunidades de parada para os jovens, além de ajudálos a perceber as pausas entre as suas notas e o valor que elas possuem. É claro que o primeiro comentário sobre a sua investida pode ser algo do tipo: "Isso é chato, mamãe", mas, com persistência e exemplo da nossa parte, eles talvez compreendam a importância de parar.

Os idosos

Os verdadeiros profissionais do ato de parar são os idosos. O meu pai foi um exemplo disso, sobretudo na última fase da sua vida. Ele viveu vinte anos aposentado e tinha grande prazer em não fazer quase nada – passava muitas horas simplesmente parado. À medida que ia enfrentando as perdas – incapacidade de jogar golfe e visão e audição deficientes –, foi ficando quieto, contemplando e recordando. Não era uma pessoa de expor os seus sentimentos, contudo valia a pena prestar atenção quando ele se dispunha a isso. A minha mãe conta a seguinte história: certa vez, poucos anos antes da morte dele, aos 91 anos, os dois estavam sentados nas suas cadeiras, como faziam todas as noites. De repente meu pai disse:

– Sabe, querida, acho que preciso de um computador. – A minha mãe deixou cair o livro, espantada.

– Um computador? Mas para quê?

– Para anotar as minhas bênçãos – ele respondeu.

É importante nos desenvolvermos antes de ficarmos muito velhos para aprender ou mesmo para mudar.

Os violentos

Não tenho idéia sobre o que fazer em relação à incrível violência que deixamos que seja lançada sobre nós. Observo com espanto e horror as chamadas de televisão sobre filmes e programas cheios de violência e leio as numerosas notícias a respeito de assassinatos e roubos. A maioria das pessoas com quem falo sente a mesma coisa.

Para que haja uma modificação no padrão e no hábito da violência, é necessário aquilo que sempre transformou moralmente os seres humanos: a conversão, isto é, uma meia-volta na maneira de ver as coisas. Para fazermos isso, temos que ajudar as pessoas a parar, pois essa atitude é uma condição fundamental para uma mudança de visão e de propósito. Ninguém conseguirá mudar se não ficar imóvel o suficiente, e por tempo bastante, para recusar o que lhe está sendo imposto e descobrir que existe um caminho diferente ou melhor. As pessoas violentas – ou todos nós, potencialmente – encontram-se tão imensa e profundamente alienadas que lhes é impossível imaginar que existe um caminho muito mais positivo.

Parar é se importar e cuidar

Acredito que está claro que o objetivo de parar é conhecermos as questões, sentimentos e verdades mais íntimas e pessoais que se encontram no coração e na alma de cada um de nós e tomarmos posse de tudo isso. Mas parar, sobretudo quando persistimos por algum tempo, vai além disso e atinge as questões mais amplas que afetam o mundo. Na realidade, ao encararmos os nossos problemas e desejos pessoais, somos naturalmente tirados de dentro de nós e levados a olhar para as necessidades das comunidades mundiais.

Um dos resultados naturais de parar é adquirirmos uma consciência mais elevada daquilo que nos cerca, tanto perto quanto longe. É um efeito inevitável, pois quando paramos começamos a notar um número cada vez maior de coisas, o que inclui o meio ambiente, tanto local quanto global.

O ato de nos importarmos com o que está acontecendo ao redor invariavelmente conduz a questionamentos. O naturalista McKibben postula duas perguntas essenciais para os nossos dias. A primeira refere-se à era da informação, aos computadores e a todos os sistemas rápidos de comunicação: "Como posso ouvir o meu próprio coração?" A segunda é dirigida a todos nós que fazemos parte da sociedade de consumo: "Quanto é suficiente?" Será que o desenvolvimento constante é o que existe de melhor para nós? A doença da "era da ansiedade" – o câncer – serve como símbolo valioso e desafiador para os nossos tempos: o câncer é o crescimento descontrolado.

Essas duas perguntas são exemplos maravilhosos dos tipos de questões que podemos examinar para intuir e com as quais podemos aprender. Servem sobretudo para nos inquietar e fazer refletir, e talvez sejamos capazes de respondê-las se nos dedicarmos com persistência à prática de parar.

Confie em você mesmo

Acima de tudo, espero que parar o ajude a reunir na sua consciência todas as maravilhosas histórias da sua vida. São elas que o conduzirão às suas verdades e, assim, ao que é melhor para o mundo. As histórias são uma "ligação com as nossas raízes, com o lugar de onde viemos".

Fazer uma pausa é algo que invoca a lembrança de histórias, e estas de certa forma querem ser contadas. Uma das maneiras de expressar amizade é contar um ao outro as suas histórias, bem como viver algumas delas juntos. Não é isso o que uma família faz? Peça aos seus pais e avós que contem as histórias deles. Conte as suas para os seus filhos. Compartilhe-as com amigos. Afinal, o que é um ser humano sem uma história?

Outra das minhas esperanças é que parar reforce de tal forma a sua autoconfiança que, quando você se vir diante da pergunta "A história que estou contando é maluca ou o resto do mundo é que é maluco?", possa responder com tranqüilidade: "É o resto do mundo!" Carl Jung reconheceu isso há alguns anos: "A loucura foi institucionalizada hoje em dia. Os nossos cidadãos, individualmente, são na sua maioria mentalmente sãos e sensatos. As nossas instituições é que são malucas! E nós absorvemos essa maluquice porque temos que trabalhar dentro da estrutura dessas instituições."

Uma família que pára é uma família mais preparada para enfrentar a realidade contemporânea e ultrapassar as suas contradições, fazendo das suas crianças pessoas mais livres para escolher o que é melhor para elas e para a sua comunidade.

Por fim, espero que já tenha ficado claro: parar é algo fundamentalmente otimista e cheio de esperança. O processo de parar é baseado na crença de que você é uma ótima pessoa e que só será capaz de descobrir mais sobre a sua própria verdade, beleza e bondade se arranjar tempo para parar.

Créditos

O autor agradece aos autores e editores que lhe deram permissão para citar as seguintes obras:

"Stopping by Woods on a Snowy Evening" (Parando num bosque num fim de tarde com neve), de *The Poetry of Robert Frost*, editado por Edward Connery Lathem. Copyright 1951 por Robert Frost e copyright 1923, 1969 por Henry Holt & Co., Inc. Reproduzido com a permissão de Henry Holt & Co., Inc.

Citações de C. G. Jung no capítulo 39 de *Memories, Dreams, Reflections* (Memórias, sonhos e reflexões), de C. G. Jung, tradução de Richard & Clara Winston. Copyright da tradução 1961, 1962, 1963 e renovado em 1989, 1990, 1991 pela Random House, Inc.

Slowness (A lentidão), de Milan Kundera © 1995 por Milan Kundera. Copyright da tradução 1996 por Linda Asher. Publicado pela HarperCollins Publishers, Inc.

O gráfico de "Reação ao estresse" baseia-se em modelos contidos em *Professional Manual and Desk Reference*, de Emmett Miller, M.D. Reproduzido com a sua permissão.

"Medo", de *Extravagaria*, de Pablo Neruda, traduzido por Alastair Reid. Copyright da tradução 1974 por Alastair Reid. Reproduzido com a permissão de Farrar, Straus & Giroux, Inc.

"My Life Is Not This Steeply Sloping Hour..." (A minha vida não é essa hora fortemente inclinada...), de *Selected Poems of Rainer Maria Rilke,* editado e traduzido por Robert Bly. Copyright 1981 por Robert Bly. Reproduzido com a permissão de HarperCollins Publishers, Inc.

CONHEÇA OUTROS IMPORTANTES TÍTULOS DA EDITORA SEXTANTE

ECKHART TOLLE

O Poder do Silêncio

Eckhart Tolle, um dos maiores fenômenos da literatura espiritual, nos mostra a importância de silenciar os pensamentos e reencontrar nossa sabedoria interior para viver mais intensamente o momento atual. O poder transformador do silêncio está em nos libertar de nossos pensamentos, medos e desejos, dissipando as tensões do passado e as expectativas em relação ao futuro. Seguindo a tradição dos sutras indianos, Tolle nos transmite seus ensinamentos em forma de aforismos. São duzentos textos curtos e inspiradores que abordam diversos temas, entre eles o Agora, os relacionamentos, a morte e a eternidade.

O Poder do Agora

Com mais de dois milhões de exemplares vendidos em todo o mundo, *O Poder do Agora* se tornou um dos maiores fenômenos da literatura espiritual por sua capacidade de transmitir uma mensagem simples e transformadora: viver no agora é o melhor caminho para a felicidade e a iluminação. Combinando conceitos do cristianismo, do budismo, do hinduísmo, do taoísmo e de outras tradições espirituais, Tolle elaborou um guia de grande eficiência para a descoberta do nosso potencial interior.

Osho

Faça o seu coração vibrar

Faça o seu coração vibrar é uma coletânea de pensamentos que nos incentiva a ver o mundo por um ângulo diferente, expandindo nossa visão sobre a vida. Cada texto oferece novos e surpreendentes sentidos para um dos temas que fazem parte do nosso dia-a-dia, como amor, relacionamentos, inteligência, poder, fé, trabalho e realização.

A sabedoria provocante de Osho, um dos mais polêmicos líderes espirituais do século XX, nos faz refletir sobre o peso que atribuímos à opinião dos outros e aos nossos próprios ideais, além de nos ajudar a centrar nossa atenção no momento presente e nas coisas que realmente valem a pena.

Aprendendo a silenciar a mente

Meditação é sentar-se sem fazer nada – não usar seu corpo nem sua mente. É parar de pensar e deixar que a mente, sempre tagarela, silencie por conta própria. Sem esforço, de forma relaxada, fácil, como se fosse um jogo. Você vai se encantar com o jeito leve e irreverente como Osho traduz conceitos espirituais e com sua capacidade de contar histórias. E descobrirá que, ao trocar as palavras pelo silêncio, você verá a vida com maior clareza e criatividade e tornará o seu dia-a-dia mais intenso e cheio de alegria.

Thich Nhat Hanh

Sinta-se livre onde você estiver

Inspirado numa palestra apresentada num presídio americano, esse livro é uma síntese dos ensinamentos essenciais de Thich Nhat Hanh. De forma simples e comovente, ele nos mostra como a prática da mente desperta pode nos libertar.

O mestre budista nos ensina a viver o momento presente, ficando atentos a cada ato do dia-a-dia – desde fazer uma refeição até caminhar. Essa é a fonte da felicidade e da liberdade com que tanto sonhamos.

Momento presente, momento maravilhoso

Nesse livro, Thich Nhat Hanh nos apresenta os *gathas,* pequenos versos práticos e poéticos que devemos recitar durante nossas atividades diárias para manter a mente alerta. Para tornar a experiência da meditação ainda mais rica, o livro inclui o CD *Canções para a prática da plena consciência,* que contém vinte lindas músicas inspiradas na obra de Thich Nhat Hanh.

CONHEÇA OS 30 CLÁSSICOS DA EDITORA SEXTANTE

O Código Da Vinci, *Anjos e Demônios* e *Fortaleza Digital*, de Dan Brown

Pais brilhantes, professores fascinantes, *Nunca desista de seus sonhos* e *Você é insubstituível*, de Augusto Cury

O monge e o executivo, de James C. Hunter

Um dia "daqueles", *O sentido da vida* e *Querida mamãe, obrigado por tudo*, de Bradley Trevor Greive

Por que os homens fazem sexo e as mulheres fazem amor?, de Allan e Barbara Pease

Os 100 segredos das pessoas felizes e *Os 100 segredos das pessoas de sucesso*, de David Niven

Enquanto o amor não vem, de Iyanla Vanzant

A última grande lição e *As cinco pessoas que você encontra no céu*, de Mitch Albom

A Dieta de South Beach, de Arthur Agatston

O ócio criativo, de Domenico de Masi

Não leve a vida tão a sério, de Hugh Prather

O Poder do Agora, de Eckhart Tolle

A vida é bela, de Dominique Glocheux

Palavras de sabedoria e *O caminho da iluminação*, de Sua Santidade, o Dalai-Lama

Muitas vidas, muitos mestres e *Só o amor é real*, de Brian Weiss

Histórias para aquecer o coração, de Jack Canfield e Mark V. Hansen

Conversando com os espíritos, de James Van Praagh

Aprendendo a gostar de si mesmo, de Louise Hay

Mantenha o seu cérebro vivo, de Lawrence Katz e Manning Rubin

Aprendendo a silenciar a mente, de Osho

INFORMAÇÕES SOBRE OS PRÓXIMOS LANÇAMENTOS

Para receber informações sobre os lançamentos da EDITORA SEXTANTE, basta enviar um e-mail para
atendimento@esextante.com.br
ou cadastrar-se diretamente no site
www.sextante.com.br

Para saber mais sobre nossos títulos e autores, e enviar seus comentários sobre este livro, visite o nosso site:
www.sextante.com.br

EDITORA SEXTANTE
Rua Voluntários da Pátria, 45 / 1.404 – Botafogo
Rio de Janeiro – RJ – 22270-000 – Brasil
Telefone: (21) 2286-9944 – Fax: (21) 2286-9244
E-mail: atendimento@esextante.com.br